公民新法
早知道系列

最新
个人所得税法及其实施条例100问

图文版

中国法制出版社
CHINA LEGAL PUBLISHING HOUSE

目录 CONTENTS

上篇：看图说法

中篇：问答解法

下篇：案例释法

附　录

上篇

看图说法

1. 在国内居住满 183 天的华侨从境外取得的收入需要申报缴纳个人所得税吗？

《中华人民共和国个人所得税法》

第一条第一款 在中国境内有住所，或者无住所而一个纳税年度内在中国境内居住累计满一百八十三天的个人，为居民个人。居民个人从中国境内和境外取得的所得，依照本法规定缴纳个人所得税。

2. 外籍人员在中国工作需要缴纳个人所得税吗?

《中华人民共和国个人所得税法》

第一条第二款 在中国境内无住所又不居住，或者无住所而一个纳税年度内在中国境内居住累计不满一百八十三天的个人，为非居民个人。非居民个人从中国境内取得的所得，依照本法规定缴纳个人所得税。

3. 利用业余时间写作获得的稿酬需要缴纳个人所得税吗?

《中华人民共和国个人所得税法》

第二条 下列各项个人所得，应当缴纳个人所得税：

（一）工资、薪金所得；

（二）劳务报酬所得；

（三）稿酬所得；

（四）特许权使用费所得；

（五）经营所得；

（六）利息、股息、红利所得；

（七）财产租赁所得；

（八）财产转让所得；

（九）偶然所得。

居民个人取得前款第一项至第四项所得（以下称综合所得），按纳税年度合并计算个人所得税；非居民个人取得前款第一项至第四项所得，按月或者按次分项计算个人所得税。纳税人取得前款第五项至第九项所得，依照本法规定分别计算个人所得税。

稿酬所得是指个人因其作品以图书、报刊形式出版、发表而取得的所得，也属于缴纳个人所得税的所得范畴。

4. 购买彩票中奖需要缴纳个人所得税吗？

《中华人民共和国个人所得税法》

第二条 下列各项个人所得，应当缴纳个人所得税：

（一）工资、薪金所得；

（二）劳务报酬所得；

（三）稿酬所得；

（四）特许权使用费所得；

（五）经营所得；

（六）利息、股息、红利所得；

（七）财产租赁所得；

（八）财产转让所得；

（九）偶然所得。

居民个人取得前款第一项至第四项所得（以下称综合所得），按纳税年度合并计算个人所得税；非居民个人取得前款第一项至第四项所得，按月或者按次分项计算个人所得税。纳税人取得前款第五项至第九项所得，依照本法规定分别计算个人所得税。

大奖500万
这期双色球我中了一等奖，现来领取奖金500万元！
扣除应缴个人所得税后，实际给您的奖金是400万元。
彩票中奖属于偶然所得，对于这部分收入应当缴纳个人所得税，税率为20%。

5. 每个月领取工资的个人所得税应该如何计算？

《中华人民共和国个人所得税法》

第六条第一项　居民个人的综合所得，以每一纳税年度的收入额减除费用六万元以及专项扣除、专项附加扣除和依法确定的其他扣除后的余额，为应纳税所得额。

具体计算方法是：应纳税所得额=10000-5000-专项扣除-专项附加扣除-依法确定的其他扣除。然后用以上应纳税所得额×适用税率。

6. 影视明星参与演出获得的高额报酬应如何缴纳个人所得税?

《中华人民共和国个人所得税法》

第六条第二款 劳务报酬所得、稿酬所得、特许权使用费所得以收入减除百分之二十的费用后的余额为收入额。稿酬所得的收入额减按百分之七十计算。

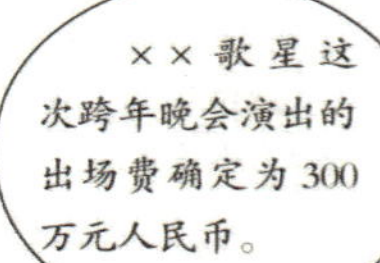

7. 获得赔付的保险金是否需要缴纳个人所得税？

《中华人民共和国个人所得税法》

第四条 下列各项个人所得，免征个人所得税：

（一）省级人民政府、国务院部委和中国人民解放军军以上单位，以及外国组织、国际组织颁发的科学、教育、技术、文化、卫生、体育、环境保护等方面的奖金；

（二）国债和国家发行的金融债券利息；

（三）按照国家统一规定发给的补贴、津贴；

（四）福利费、抚恤金、救济金；

（五）保险赔款；

……

8. 退休后领取的退休工资是否需要缴纳个人所得税？

《中华人民共和国个人所得税法》

第四条 下列各项个人所得，免征个人所得税：

……

（六）军人的转业费、复员费、退役金；

（七）按照国家统一规定发给干部、职工的安家费、退职费、基本养老金或者退休费、离休费、离休生活补助费；

（八）依照有关法律规定应予免税的各国驻华使馆、领事馆的外交代表、领事官员和其他人员的所得；

（九）中国政府参加的国际公约、签订的协议中规定免税的所得；

（十）国务院规定的其他免税所得。

前款第十项免税规定，由国务院报全国人民代表大会常务委员会备案。

9. 减征个人所得税的情形都有哪些？

《中华人民共和国个人所得税法》

第五条 有下列情形之一的，可以减征个人所得税，具体幅度和期限，由省、自治区、直辖市人民政府规定，并报同级人民代表大会常务委员会备案：

（一）残疾、孤老人员和烈属的所得；

（二）因自然灾害遭受重大损失的。

国务院可以规定其他减税情形，报全国人民代表大会常务委员会备案。

10. 个人所得税的起征点是多少?

《中华人民共和国个人所得税法》

第六条第一款 应纳税所得额的计算:

(一)居民个人的综合所得,以每一纳税年度的收入额减除费用六万元以及专项扣除、专项附加扣除和依法确定的其他扣除后的余额,为应纳税所得额。

(二)非居民个人的工资、薪金所得,以每月收入额减除费用五千元后的余额为应纳税所得额;劳务报酬所得、稿酬所得、特许权使用费所得,以每次收入额为应纳税所得额。

(三)经营所得,以每一纳税年度的收入总额减除成本、费用以及损失后的余额,为应纳税所得额。

(四)财产租赁所得,每次收入不超过四千元的,减除费用八百元;四千元以上的,减除百分之二十的费用,其余额为应纳税所得额。

(五)财产转让所得,以转让财产的收入额减除财产原值和合理费用后的余额,为应纳税所得额。

(六)利息、股息、红利所得和偶然所得,以每次收入额为应纳税所得额。

听说新《个人所得税法》修改了工资个人所得税的起征点啦！

是啊，以后工资个人所得税的起征点提高到5000元了。

工资、薪金个人所得税起征点的修改是新《个人所得税法》最引人关注的地方，从2018年10月1日起将提高到5000元。

11. 稿酬所得的应纳税所得额如何计算？

《中华人民共和国个人所得税法》

第六条第二款 劳务报酬所得、稿酬所得、特许权使用费所得以收入减除百分之二十的费用后的余额为收入额。稿酬所得的收入额减按百分之七十计算。

12. 进行公益慈善捐赠后可以申请个人所得税扣减待遇吗？

《中华人民共和国个人所得税法》

第六条第三款 个人将其所得对教育、扶贫、济困等公益慈善事业进行捐赠，捐赠额未超过纳税人申报的应纳税所得额百分之三十的部分，可以从其应纳税所得额中扣除；国务院规定对公益慈善事业捐赠实行全额税前扣除的，从其规定。

13. 扣缴义务人申报缴纳个人所得税时有什么注意事项?

《中华人民共和国个人所得税法》

第十四条第一款 扣缴义务人每月或者每次预扣、代扣的税款，应当在次月十五日内缴入国库，并向税务机关报送扣缴个人所得税申报表。

14. 转让不动产应如何缴纳个人所得税？

《中华人民共和国个人所得税法》

第十五条第二款 个人转让不动产的，税务机关应当根据不动产登记等相关信息核验应缴的个人所得税，登记机构办理转移登记时，应当查验与该不动产转让相关的个人所得税的完税凭证。个人转让股权办理变更登记的，市场主体登记机关应当查验与该股权交易相关的个人所得税的完税凭证。

15. 个人所得为外国货币的，应如何缴纳个人所得税？

《中华人民共和国个人所得税法》

第十六条 各项所得的计算，以人民币为单位。所得为人民币以外的货币的，按照人民币汇率中间价折合成人民币缴纳税款。

16. 对于扣缴义务人代为扣缴的个人所得税，税务机关需要支付手续费吗？

《中华人民共和国个人所得税法》

第十七条　对扣缴义务人按照所扣缴的税款，付给百分之二的手续费。

中篇

问答解法

17. 哪些人需要缴纳个人所得税?

我国个人所得税的纳税义务人是在中国境内居住有所得的人，以及不在中国境内居住而从中国境内取得所得的个人，包括中国国内公民，在华取得所得的外籍人员和港、澳、台同胞。根据《个人所得税法》第一条的规定，我国个人所得税的纳税义务人包括居民个人和非居民个人。所谓居民个人，是指在中国境内有住所，或者无住所而一个纳税年度内在中国境内居住累计满 183 天的个人。居民个人从中国境内和境外取得的所得，依照我国《个人所得税法》的规定缴纳个人所得税。所谓非居民个人，是指在中国境内无住所又不居住，或者无住所而一个纳税年度内在中国境内居住累计不满 183 天的个人。非居民个人从中国境内取得的所得，也要依照我国《个人所得税法》的规定缴纳个人所得税。

18. 哪些情形属于来源于中国境内所得?

根据《个人所得税法实施条例》第三条的规定，除国务院财政、税务主管部门另有规定外，下列所得，不论支付地点是否在中国境内，均为来源于中国境内的所得：（1）因任职、受雇、履约等在中国境内提供劳务取得的所得；（2）将财产出租给承租人在中国境内使用而取得的所得；（3）许可各种特许权在中国境内使用而取得的所得；（4）转让中国境内的不动产等财产或者在中国境内转让其他财产取得的所得；（5）从中国境内企业、事业单位、其他组织以及居民个人取得的利息、股息、红利所得。

19. 哪些个人所得应当缴纳个人所得税?

根据《个人所得税法》第二条第一款的规定，下列各项个人所得，应当缴纳个人所得税：（1）工资、薪金所得；（2）劳务报酬所得；（3）稿酬所得；（4）特许权使用费所得；（5）经营所得；（6）利息、股息、红利所得；（7）财产租赁所得；（8）财产转让所得；（9）偶然所得。

20. 哪些纳税人应该依法办理纳税申报?

符合以下情形之一的纳税人应当依法办理纳税申报：（1）取得综合所得需要办理汇算清缴；（2）取得应税所得没有扣缴义务人；（3）取得应税所得，扣缴义务人未扣缴税款；（4）取得境外所得；（5）因移居境外注销中国户籍；（6）非居民个人在中国境内从两处以上取得工资、薪金所得；（7）国务院规定的其他情形。

21. 年终奖应该怎么纳税?

年终奖有两种计税方式，单独按原先方式计算或者并入综合所得。

根据《财政部 税务总局关于个人所得税法修改后有关优惠政策衔接问题的通知》的规定，居民个人取得全年一次性奖金，符合《国家税务总局关于调整个人取得全年一次性奖金等计算征收个人所得税方法问题的通知》（国税发〔2005〕9号）规定的，在2021年12月31日前，不并入当年综合所得，以全年一次性奖金收入除以 12 个月得到的数额，按照按月换算后的综合所得税率表，确定适用税率和速算扣除数，单独计算纳税。计算公式为：

应纳税额 = 全年一次性奖金收入 × 适用税率 − 速算扣除数

居民个人取得全年一次性奖金，也可以选择并入当年综合所得计算纳税。

自 2022 年 1 月 1 日起，居民个人取得全年一次性奖金，应并入当年综合所得计算缴纳个人所得税。

22. 工资、薪金所得与劳务报酬所得有什么区别？

工资、薪金所得属于非独立个人劳务活动，即在机关、团体、学校、部队、企业、事业单位及其他组织中任职、受雇而得到的报酬；而劳务报酬所得是指个人以其所掌握的某种技艺或技能独立提供劳务所取得的所得，属于独立劳动所得。所谓独立劳动所得，是指个人独立地从事非雇佣的各种劳动，包括独立的科学、文艺、艺术、教育或教学活动，以及独立从事于医师、律师、工程师、建筑师和会计师等活动所取得的所得，但不包括个人独立从事工商业活动取得的营业所得。另外，只要有雇佣与被雇佣关系的就是工资薪金所得，在实践中，判断是否有雇佣关系时可以看社会保险费用是否由该单位缴纳，如果该单位负责缴纳，则有雇佣关系，应按工资薪金所得进行全员全额申报。

23. 股票转让所得需要缴纳个人所得税吗？

根据《个人所得税法》的规定，财产转让所得需要缴纳个人所得税。此处的财产转让所得是否包括股票转让所得，根据《个人所得税法实施条例》第六条第一款第八项的规定，财产转让所得，是指个人转让有价证券、股权、合伙企业中的财产份额、不动产、机器设备、车船以及其他财产取得的所得。因此，股票转让所得需要缴纳个人所得税。

24. 购买彩票中奖是否需要缴纳个人所得税?

购买彩票中奖属于偶然所得，应该按照相应税率缴纳个人所得税。我国《个人所得税法实施条例》第六条第一款第九项规定，偶然所得，是指个人得奖、中奖、中彩以及其他偶然性质的所得。得奖，是指参加各种有奖竞赛活动，取得名次得到的奖金；中奖、中彩，是指参加各种有奖活动，如有奖销售、有奖储蓄，或者购买彩票，经过规定程序，抽中、摇中号码而取得的奖金。偶然所得应缴纳的个人所得税税款，一律由发奖单位或机构代扣代缴。根据我国《个人所得税法》第二条的规定，偶然所得，应当缴纳个人所得税。第三条规定，利息、股息、红利所得，财产租赁所得，财产转让所得和偶然所得，适用比例税率，税率为20%。

25. 什么是特许权使用费所得?

根据《个人所得税法实施条例》第六条第一款第四项的规定，特许权使用费所得，是指个人提供专利权、商标权、著作权、非专利技术以及其他特许权的使用权取得的所得；提供著作权的使用权取得的所得，不包括稿酬所得。

26. 什么是经营所得？

根据《个人所得税法实施条例》第六条第一款第五项的规定，经营所得是指：(1) 个体工商户从事生产、经营活动取得的所得，个人独资企业投资人、合伙企业的个人合伙人来源于境内注册的个人独资企业、合伙企业生产、经营的所得；(2) 个人依法从事办学、医疗、咨询以及其他有偿服务活动取得的所得；(3) 个人对企业、事业单位承包经营、承租经营以及转包、转租取得的所得；(4) 个人从事其他生产、经营活动取得的所得。

27. 哪些个人所得可以合并计算个人所得税？

根据《个人所得税法》第二条第二款的规定，居民个人取得的工资、薪金所得，劳务报酬所得，稿酬所得，特许权使用费所得（以下称综合所得），可以按纳税年度合并计算个人所得税。非居民个人取得上述综合所得，按月或者按次分项计算个人所得税。纳税人取得的经营所得，利息、股息、红利所得，财产租赁所得，财产转让所得，偶然所得，不能合并计算个人所得税，而应该依照《个人所得税法》的规定分别计算个人所得税。

28. 什么是纳税义务人和扣缴义务人？

纳税义务人是指个人所得税法规定的直接负有纳税义务的单位和个人。按照《个人所得税法》第一条规定，纳税义务人指在中国境内有住所，或者无住所而一个纳税年度内在中国境内居住累计满

183 天的居民个人和在中国境内无住所又不居住或者无住所而一个纳税年度内在中国境内居住累计不满 183 天的非居民个人。也就是说，只要是其居住关系和收入来源中有任何一项在中国，该个人就是纳税义务人。

扣缴义务人，是指向个人支付所得的单位或者个人。扣缴义务人应当依法办理全员全额扣缴申报。凡支付个人应纳税所得的企业（公司）、事业单位、机关、社团组织、军队、驻华机构、个体户等单位或者个人，为个人所得税的扣缴义务人。

29. 个人所得税的缴纳方法有哪些?

个人所得税的缴纳方法有两种，即纳税义务人直接缴纳和扣缴义务人代缴。其中以扣缴义务人代缴为原则，纳税义务人自行申报为例外，只有在法律特别列举的几种情形下，才由纳税义务人自行申报。这种做法体现了作为个人所得税法基本原则之一的税收效率原则，即以最小的征税成本和对经济最低的妨碍作为个人所得税法制定和执行的普遍准则。

30. 个人所得税是否可以延期缴纳?

根据《税收征收管理法》第二十七条的规定，纳税人、扣缴义务人不能按期办理纳税申报或者报送代扣代缴、代收代缴税款报告表的，经税务机关核准，可以延期申报。经核准延期办理前款规定的申报、报送事项的，应当在纳税期内按照上期实际缴纳的税额或者税务机关核定的税额预缴税款，并在核准的延期内办理税款结算。因此，纳税人确有延期缴税需要的，经税务机关核准，可以延期申报。

31. 什么是个人所得税税率？

个人所得税的税率是指个人所得税税额与应纳税额之间的比例。以某项应税项目的收入额减去税法规定的该项费用减除标准后的余额，为该项应纳税所得额。由于个人所得税的应税项目不同，并且取得某项所得所需费用也不相同，因此，计算个人应纳税所得额，需按不同应税项目分项计算。

32. 超额累进税率和比例税率有什么区别？

超额累进税率，是指把征税对象按照数额大小划分为若干等级，对每个等级部分分别规定相应的税率，分别计算税额，各个等级计算税额的总和，就是征税对象的应纳税额。累进税率可以合理调节收入分配，体现公平。我国税法对工资、薪金所得等综合所得和经营所得，采用超额累进税率，实行量能负担。

比例税率，是指对同一计税依据，不论数额大小，只规定统一的法定比例。比例税率计算简便，便于实行源泉扣缴。我国税法对利息、股息、红利所得，财产租赁所得，财产转让所得和偶然所得，适用比例税率，实行等比负担。

33. 个人所得如何适用税率？

个人所得根据征税内容的不同，适用不同的税率，具体适用税率如下：（1）综合所得，适用3%至45%的超额累进税率；（2）经营所得，适用5%至35%的超额累进税率；（3）利息、股息、红利所得，财产租赁所得，财产转让所得和偶然所得，适用比例税率，税率为20%。

34. 我国现行的税率结构有什么特点?

新《个人所得税法》优化调整了税率结构。一是综合所得税率。以现行工资、薪金所得税率（3%至45%的7级超额累进税率）为基础，将按月计算应纳税所得额调整为按年计算，并优化调整部分税率的级距。具体是：扩大3%、10%、20%三档低税率的级距，3%税率的级距扩大一倍，原先税率为10%的部分所得的税率降为3%；大幅扩大10%税率的级距，原先税率为20%的所得，以及原先税率为25%的部分所得的税率降为10%；原先税率为25%的部分所得的税率降为20%；相应缩小25%税率的级距，30%、35%、45%这三档较高税率的级距保持不变。二是经营所得税率。以现行个体工商户的生产、经营所得和对企事业单位的承包经营、承租经营所得税率为基础，保持5%至35%的5级税率不变，适当调整各档税率的级距，其中最高档税率级距下限从10万元提高至50万元。

35. 哪些个人所得可以免征个人所得税?

根据《个人所得税法》第四条的规定，下列各项个人所得，免征个人所得税：（1）省级人民政府、国务院部委和中国人民解放军军以上单位，以及外国组织、国际组织颁发的科学、教育、技术、文化、卫生、体育、环境保护等方面的奖金；（2）国债和国家发行的金融债券利息；（3）按照国家统一规定发给的补贴、津贴；（4）福利费、抚恤金、救济金；（5）保险赔款；（6）军人的转业费、复员费、退役金；（7）按照国家统一规定发给干部、职工的安家费、退职费、基本养老金或者退休费、离休费、离休生活补助费；（8）依照有关法律规定应予免税的各国驻华使馆、领事馆的外交代表、领事官员和其他人员的所得；（9）中国政府参加的国际公约、签订的协议中规定免税的所得；（10）国务院规定的其他免税所得。

36. 哪些情形可以减征个人所得税？

根据《个人所得税法》第五条的规定，有下列情形之一的，可以减征个人所得税，具体幅度和期限，由省、自治区、直辖市人民政府规定，并报同级人民代表大会常务委员会备案：（1）残疾、孤老人员和烈属的所得；（2）因自然灾害遭受重大损失的。国务院可以规定其他减税情形，报全国人民代表大会常务委员会备案。

37. 如何计算应纳税所得额？

根据《个人所得税法》第六条的规定，应纳税所得额根据征税内容的不同，按照如下方式进行计算：（1）居民个人的综合所得，以每一纳税年度的收入额减除费用6万元以及专项扣除、专项附加扣除和依法确定的其他扣除后的余额，为应纳税所得额。（2）非居民个人的工资、薪金所得，以每月收入额减除费用5000元后的余额为应纳税所得额；劳务报酬所得、稿酬所得、特许权使用费所得，以每次收入额为应纳税所得额。(3) 经营所得，以每一纳税年度的收入总额减除成本、费用以及损失后的余额，为应纳税所得额。(4) 财产租赁所得，每次收入不超过4000元的，减除费用800元；4000元以上的，减除20%的费用，其余额为应纳税所得额。(5) 财产转让所得，以转让财产的收入额减除财产原值和合理费用后的余额，为应纳税所得额。(6) 利息、股息、红利所得和偶然所得，以每次收入额为应纳税所得额。

劳务报酬所得、稿酬所得、特许权使用费所得以收入减除20%的费用后的余额为收入额。稿酬所得的收入额减按70%计算。

个人将其所得对教育、扶贫、济困等公益慈善事业进行捐赠，捐赠额未超过纳税人申报的应纳税所得额30%的部分，可以从其应纳税所得额中扣除；国务院规定对公益慈善事业捐赠实行全额税前扣除的，从其规定。

38. 应纳税所得额和应纳税额有什么区别?

应纳税所得额，是指以某项应税项目的收入额减去个人所得税法规定的该项费用减除标准后的余额。应纳税额，即应纳个人所得税额，是指纳税义务人应该缴纳税收的具体数额。由于个人所得税的应税项目不同，并且取得某项所得的适用税率也不相同，因此，计算个人应纳税额时，须按不同应税项目分项计算。具体而言，应纳税额 = 应纳税所得额 × 适用税率。例如，工资、薪金收入的应纳税所得额 = 每月收入额 − 5000 元 − 专项扣除 − 专项附加扣除 −

依法确定的其他扣除，其应纳税额 =（每月收入额 – 5000 元 – 专项扣除 – 专项附加扣除 – 依法确定的其他扣除）×适用税率 – 速算扣除数。

39. 稿酬、特许权使用费如何计算个人所得税？

2019 年 1 月 1 日起，居民个人的综合所得，以每一纳税年度的收入额减除费用 6 万元以及专项扣除、专项附加扣除和依法确定的其他扣除后的余额，为应纳税所得额。本人取得的工资、薪金所得，劳务报酬所得，稿酬所得及特许权使用费所得为综合所得，按纳税年度合并计算个人所得税。稿酬所得、特许权使用费所得以收入减除 20% 的费用后的余额为收入额。稿酬所得的收入额减按 70% 计算。

40. 劳务报酬所得如何计算个人所得税？

2018 年 12 月 31 日之前取得的劳务报酬仍按照修改前的税法规定执行。2019 年 1 月 1 日起，根据新个人所得税法规定，居民个人的综合所得，以每一纳税年度的收入额减除费用 6 万元以及专项扣除、专项附加扣除和依法确定的其他扣除后的余额，为应纳税所得额。劳务报酬所得应并入个人综合所得，按纳税年度合并计算个人所得税。劳务报酬所得以收入减除 20% 的费用后的余额为收入额。

41. 为什么新《个人所得税法》要调整个税起征点？

根据《个人所得税法》第六条第一款第一项的规定，居民个人的综合所得，以每一纳税年度的收入额减除费用 6 万元以及专项扣除、专项附加扣除和依法确定的其他扣除后的余额，为应纳税所得额。据此规定，个人所得税起征点为5000元。自1980年将个税起征点确定为800元/月后，我国先后3次根据经济社会发展情况调整个税起征点，分别是2006年提高到1600元/月，2008年提高到2000元/月，2011年提高到目前的3500元/月。截至本次《个人所得税法》修正已过去8年时间。在这8年里，平均工资在不断上涨，现有的个税起征点已经不适应当前的状况，所以需要提高。5000元的起征点标准是综合考虑了人民群众消费支出水平增长等各方面因素后确定的。这一标准综合考虑了人民群众消费支出水平增长等各方面因素，并体现了一定前瞻性。按此标准并结合税率结构调整测算，取得工资、薪金等综合所得的纳税人，总体上税负都有不同程度下降，特别是中等以下收入群体税负下降明显，有利于增加居民收入、增强消费能力。

42. 什么是累计预扣法?

根据《个人所得税扣缴申报管理办法（试行）》第六条的规定，扣缴义务人向居民个人支付工资、薪金所得时，应当按照累计预扣法计算预扣税款，并按月办理扣缴申报。

累计预扣法，是指扣缴义务人在一个纳税年度内预扣预缴税款时，以纳税人在本单位截至当前月份工资、薪金所得累计收入减除累计免税收入、累计减除费用、累计专项扣除、累计专项附加扣除和累计依法确定的其他扣除后的余额为累计预扣预缴应纳税所得额，适用个人所得税预扣率表一（见本书188页），计算累计应预扣预缴税额，再减除累计减免税额和累计已预扣预缴税额，其余额为本期应预扣预缴税额。余额为负值时，暂不退税。纳税年度终了后余额仍为负值时，由纳税人通过办理综合所得年度汇算清缴，税款多退少补。

具体计算公式如下：

本期应预扣预缴税额 =（累计预扣预缴应纳税所得额 × 预扣率 − 速算扣除数）− 累计减免税额 − 累计已预扣预缴税额

累计预扣预缴应纳税所得额 = 累计收入 − 累计免税收入 − 累计减除费用 − 累计专项扣除 − 累计专项附加扣除 − 累计依法确定的其他扣除

其中：累计减除费用，按照5000元/月乘以纳税人当年截至本月在本单位的任职受雇月份数计算。

43. 专项扣除包括哪些内容？

专项扣除，包括居民个人按照国家规定的范围和标准缴纳的基本养老保险、基本医疗保险、失业保险等社会保险费和住房公积金等。

44. 专项附加扣除包括哪些内容？

根据《个人所得税专项附加扣除暂行办法》的规定，专项附加扣除包括个人所得税法规定的子女教育、继续教育、大病医疗、住房贷款利息或者住房租金、赡养老人等6项。《个人所得税法》设立个人所得税专项附加扣除，考虑了个人负担的差异性，更符合个人所得税基本原理，有利于税制公平。

45. 从两处以上取得工资、薪金的，如何扣除专项附加项目？

根据《个人所得税法实施条例》第二十八条的规定，居民个人取得工资、薪金所得时，可以向扣缴义务人提供专项附加扣除有关信息，由扣缴义务人扣缴税款时减除专项附加扣除。根据《个人所得税专项附加扣除操作办法（试行）》第四条第二款的规定，纳税人同时从两处以上取得工资、薪金所得，并由扣缴义务人办理专项附加扣除的，对同一专项附加扣除项目，一个纳税年度内，纳税人只能选择从一处取得的所得中减除。

46. 纳税人有几种途径办理个人所得税专项附加扣除？

办理个人所得税专项附加扣除的途径有两种：一是由单位代扣。纳税人愿意将自己的相关专项附加扣除信息提供给单位，单位在每个月发放工资时，就可根据个人申报情况进行扣除，纳税人在每月领工资的时候，可以享受到减税红利。二是自行申报办理。纳税人只要结合自己的实际情况申报相关信息就能享受扣除。也可以在第二年汇算清缴时，自行到税务机关申报信息办理扣除。

47. 有关部门和单位需要向税务部门或者协助税务部门核实哪些信息？

根据《个人所得税专项附加扣除暂行办法》第二十六条的规定，有关部门和单位有责任和义务向税务部门提供或者协助核实以下与专项附加扣除有关的信息：（1）公安部门有关户籍人口基本信息、户成员关系信息、出入境证件信息、相关出国人员信息、户籍人口死亡标识等信息；（2）卫生健康部门有关出生医学证明信息、独生子女信息；（3）民政部门、外交部门、法院有关婚姻状况信息；（4）教育部门有关学生学籍信息（包括学历继续教育学生学籍、考籍信息）、在相关部门备案的境外教育机构资质信息；（5）人力资源社会保障等部门有关技工院校学生学籍信息、技能人员职业资格继续教育信息、专业技术人员职业资格继续教育信息；（6）住房城乡建设部门有关房屋（含公租房）租赁信息、住房公积金管理机构有关住房公积金贷款还款支出信息；（7）自然资源部门有关不动产登记信息；（8）人民银行、金融监督管理部门有关住房商业贷款还款支出信息；（9）医疗保障部门有关在医疗保障信息系统记录的个人负担的医药费用信息；（10）国务院税务主管部门确定需要提供的其他涉税信息。

上述数据信息的格式、标准、共享方式，由国务院税务主管部门及各省、自治区、直辖市和计划单列市税务局商有关部门确定。有关部门和单位拥有专项附加扣除涉税信息，但未按规定要求向税务部门提供的，拥有涉税信息的部门或者单位的主要负责人及相关人员承担相应责任。

48. 个人申报专项附加扣除一定要去税务局柜台办理吗？

税务部门开发了多元化的办税终端。公民个人可以通过手机、电脑网页等多种办税渠道申报个人所得税。手机 APP 和网页端申报系统与税务端、扣缴端软件已进行联动调整，全部功能已于 2018

年12月31日正式投入使用。现在，纳税人申报专项附加扣除信息将更为便捷。

49. 专项附加扣除中，扣缴义务人如何为纳税人办理扣缴申报？

根据《个人所得税专项附加扣除操作办法（试行）》第五条的规定，扣缴义务人办理工资、薪金所得预扣预缴税款时，应当根据纳税人报送的《个人所得税专项附加扣除信息表》为纳税人办理专项附加扣除。纳税人年度中间更换工作单位的，在原单位任职、受雇期间已享受的专项附加扣除金额，不得在新任职、受雇单位扣除。原扣缴义务人应当自纳税人离职不再发放工资薪金所得的当月起，停止为其办理专项附加扣除。

根据《个人所得税专项附加扣除操作办法（试行）》第九条的规定，纳税人次年需要由扣缴义务人继续办理专项附加扣除的，应当于每年12月对次年享受专项附加扣除的内容进行确认，并报送至扣缴义务人。纳税人未及时确认的，扣缴义务人于次年1月起暂停扣除，待纳税人确认后再行办理专项附加扣除。扣缴义务人应当将纳税人报送的专项附加扣除信息，在次月办理扣缴申报时一并报送至主管税务机关。

50. 如果自然人是直接提交专项扣除材料给税务局，那么税务局会把资料再传给扣缴义务人吗？

根据《个人所得税专项附加扣除操作办法（试行）》第十九条的规定，纳税人可以采取多种形式向扣缴义务人或者主管税务机关报送个人专项附加扣除信息。纳税人既可以选择纳税年度内由扣缴义务人办理专项附加扣除，也可以选择年度终了后向税务机关办理汇算清缴申报时享受专项附加扣除。直接在税务机关办理专项附加扣除的，税务机关不会再告知扣缴义务人相关个人专项附加扣除信息。

51. 预扣预缴要扣除专项附加吗？

预扣预缴应该扣除专项附加。居民个人向扣缴义务人提供有关信息并依法要求办理专项附加扣除的，扣缴义务人应当按照规定在工资、薪金所得按月预扣预缴税款时予以扣除，不得拒绝。其中专项附加扣除包括了子女教育、继续教育、大病医疗、住房贷款利息或者住房租金、赡养老人等 6 项。

扣缴义务人向居民个人支付劳务报酬所得、稿酬所得和特许权使用费所得的，按次或者按月预扣预缴个人所得税，如劳务报酬所得、稿酬所得、特许权使用费所得以每次收入减除费用后的余额为收入额；其中，稿酬所得的收入额减按 70% 计算。预扣预缴税款时，劳务报酬所得、稿酬所得、特许权使用费所得每次收入不超过 4000 元的，减除费用按 800 元计算；每次收入 4000 元以上的，减除费用按收入的 20% 计算。

劳务报酬所得、稿酬所得、特许权使用费所得，以每次收入额为预扣预缴应纳税所得额，计算应预扣预缴税额。劳务报酬所得适用个人所得税预扣率表二（见本书 188 页），稿酬所得、特许权使用费所得适用 20% 的比例预扣率。

52. 如何判断纳税人享受符合规定的专项附加扣除的期间?

根据《个人所得税专项附加扣除操作办法（试行）》第三条的规定，纳税人专项附加扣除的时间按如下方式计算：（1）子女教育。学前教育阶段，为子女年满3周岁当月至小学入学前一月。学历教育，为子女接受全日制学历教育入学的当月至全日制学历教育结束的当月。（2）继续教育。学历（学位）继续教育，为在中国境内接受学历（学位）继续教育入学的当月至学历（学位）继续教育结束的当月，同一学历（学位）继续教育的扣除期限最长不得超过48个月。技能人员职业资格继续教育、专业技术人员职业资格继续教育，为取得相关证书的当年。以上子女教育和继续教育中的学历教育和学历（学位）继续教育期间，包含因病或其他非主观原因休学但学籍继续保留的休学期间，以及施教机构按规定组织实施的寒暑假等假期。（3）大病医疗。为医疗保障信息系统记录的医药费用实际支出的当年。（4）住房贷款利息。为贷款合同约定开始还款的当月至贷款全部归还或贷款合同终止的当月，扣除期限最长不得超过240个月。（5）住房租金。为租赁合同（协议）约定的房屋租赁期开始的当月至租赁期结束的当月。提前终止合同（协议）的，以实际租赁期限为准。（6）赡养老人。为被赡养人年满60周岁的当月至赡养义务终止的年末。

53. 子女教育的个人所得税专项附加扣除主体是谁?

子女教育的个人所得税专项附加扣除主体是子女的法定监护

人，包括生父母、继父母、养父母，父母之外的其他人担任未成年人的法定监护人的，比照执行。

54. 子女教育的个人所得税专项附加扣除在父母之间如何分配？

父母可以选择由其中一方按扣除标准的100%扣除，即一人每月1000元扣除，也可以选择由双方分别按扣除标准的50%扣除，即一人每月500元扣除。只有这两种分配方式，纳税人可以根据情况自行选择。

55. 子女教育的个人所得税专项附加扣除分配选定之后可以变更吗？

子女教育的扣除分配，可以选择由父母一方扣除或者双方平摊扣除，选定扣除方式后在一个纳税年度内不能变更。

56. 子女在民办学校接受教育，纳税人可以享受子女教育个人所得税专项附加扣除吗？

无论子女在公办学校或民办学校接受教育，纳税人都可以享受个人所得税专项附加扣除。

57. 子女在境外学校接受教育，纳税人可以享受子女教育个人所得税专项附加扣除吗？

无论子女在境内学校或境外学校接受教育，纳税人都可以享受个人所得税专项附加扣除。

58. 有多子女的父母，可以对不同的子女选择不同的扣除方式吗？

有多子女的父母，可以对不同的子女选择不同的扣除方式，即对子女甲可以选择由一方按照每月1000元的标准扣除，对子女乙可以选择由双方分别按照每月500元的标准扣除。

59. 对于存在离异重组等情况的家庭子女而言，该如何享受个人所得税专项附加扣除政策？

具体扣除方法由父母双方协商决定，一个孩子扣除总额不能超过1000元/月，扣除人不能超过2个。

60. 子女前两年在国内读书，后两年在国外读书，现在填写信息选择中国还是境外？证书由境外发放，没有学籍号，怎样填写信息，父母是否可以享受个人所得税专项附加扣除？

目前，子女教育允许扣除境内外教育支出，继续教育专项附加扣除仅限于境内教育，不包括境外教育。如符合子女教育扣除的相关条件，子女前两年在国内读书，父母作为纳税人请按照规定填写子女接受教育的相关信息；后两年在境外接受教育，无学籍的，可以按照接受境外教育相关规定填报信息，没有学籍号可以不填写，但纳税人应当按规定留存相关证书、子女接受境内外合作办学的招生简章、出入境记录等。

61. 子女本科毕业之后，准备考研究生的期间，父母是否可以享受子女教育专项附加扣除？

父母不可以享受子女教育专项附加扣除。因为该生已经本科毕业，未实际参与全日制学历教育，尚未取得研究生学籍，不符合《个人所得税专项附加扣除暂行办法》相关规定。研究生考试通过入学后，父母可以享受高等教育阶段子女教育专项附加扣除。

62. 子女 6 月高中毕业，9 月上大学，7 月和 8 月还能享受子女教育专项附加扣除吗？

可以扣除。对于连续性的学历（学位）教育，升学衔接期间属于子女教育期间，可以申报扣除子女教育专项附加扣除。

63. 大学期间参军，学校保留学籍，父母是否可以享受子女教育专项附加扣除？

服兵役是公民的义务，大学期间参军是积极响应国家的号召，休学保留学籍期间，属于高等教育阶段，可以申报扣除子女教育专项附加扣除。

64. 子女参加“跨校联合培养”，需要到国外读书几年，纳税人是否可以按照子女教育进行个人所得税专项附加扣除？

一般情况下，参加跨校联合培养的学生，原学校保留学生学籍，父母可以享受子女教育个人所得税专项附加扣除。

65. 继子女的教育能享受1000元的子女教育专项附加扣除吗？

根据《个人所得税专项附加扣除暂行办法》第五条的规定，纳税人的子女接受全日制学历教育的相关支出，按照每个子女每月1000元的标准定额扣除。

根据《个人所得税专项附加扣除暂行办法》第二十九条的规定，本办法所称子女，是指婚生子女、非婚生子女、继子女、养子女。因此，继子女的教育也能享受1000元的子女教育专项附加扣除。

66. 硕士研究生、博士研究生教育属于子女教育还是继续教育，由谁扣除？

根据《个人所得税专项附加扣除暂行办法》第五条的规定，纳税人的子女接受全日制学历教育的相关支出，按照每个子女每月1000元的标准定额扣除。学历教育包括义务教育（小学、初中教育）、高中阶段教育（普通高中、中等职业、技工教育）、高等教育（大学专科、大学本科、硕士研究生、博士研究生教育）。因此，属于全日制学历教育的硕士研究生、博士研究生，由其父母按照子女教育进行扣除。

67. 享受子女教育专项附加扣除应当报送哪些信息？留存哪些资料备查？

根据《个人所得税专项附加扣除操作办法（试行）》第十二条

的规定，纳税人享受子女教育专项附加扣除，应当填报配偶及子女的姓名、身份证件类型及号码、子女当前受教育阶段及起止时间、子女就读学校以及本人与配偶之间扣除分配比例等信息。

纳税人需要留存备查资料包括：子女在境外接受教育的，应当留存境外学校录取通知书、留学签证等境外教育佐证资料。

68. 继续教育如何进行个税专项附加扣除？

根据《个人所得税专项附加扣除暂行办法》第八条和第九条的规定，纳税人在中国境内接受学历（学位）继续教育的支出，在学历（学位）教育期间按照每月 400 元定额扣除。同一学历（学位）继续教育的扣除期限不能超过 48 个月。纳税人接受技能人员职业资格继续教育、专业技术人员职业资格继续教育的支出，在取得相关证书的当年，按照 3600 元定额扣除。个人接受本科及以下学历（学位）继续教育，符合本办法规定扣除条件的，可以选择由其父母扣除，也可以选择由本人扣除。

69. 继续教育专项附加扣除该如何申报？

对技能人员职业资格和专业技术人员职业资格继续教育，采取凭证书信息定额扣除方式。纳税人在取得证书后向扣缴义务人提供姓名、纳税识别号、证书编号等信息，由扣缴义务人在预扣预缴环节扣除。也可以在年终向税务机关提供资料，通过汇算清缴享受扣除。

对学历继续教育，采取凭学籍、考籍信息定额扣除方式。纳税人向扣缴义务人提供姓名、纳税识别号、学籍、考籍等信息，由扣缴义务人在预扣预缴环节扣除，也可以在年终向税务机关提供资料，通过汇算清缴享受扣除。

70. 纳税人因病、因故等原因休学且学籍继续保留的休学期间，以及施教机构按规定组织实施的寒暑假是否连续计算？

学历（学位）继续教育的扣除期限最长不得超过 48 个月。48 个月包括纳税人因病、因故等原因休学且学籍继续保留的休学期间，以及施教机构按规定组织实施的寒暑假期连续计算。

71. 没有证书的花艺等兴趣培训费用可以进行个税专项附加扣除吗？

目前，继续教育专项附加扣除的范围限定学历继续教育、技能人员职业资格继续教育和专业技术人员职业资格继续教育的支出，上述培训之外的花艺等兴趣培训不在扣除范围内。

72. 纳税人在接受学历继续教育的同时取得技能人员职业资格证书或者专业技术人员职业资格证书的，该如何享受继续教育专项附加扣除？

根据《个人所得税专项附加扣除暂行办法》，纳税人接受学历继续教育，可以按照每月 400 元的标准扣除，全年共计 4800 元；在同年又取得技能人员职业资格证书或者专业技术人员职业资格证书的，且符合扣除条件的，可按照 3600 元的标准定额扣除。但是，只能同时享受一个学历（学位）继续教育和一个职业资格继续教育。因此，对同时符合此类情形的纳税人，该年度可叠加享受两个扣除，当年其继续教育共计可扣除 8400 元（4800＋3600）。

73. 如果在国外进行学历继续教育，或者是拿到了国外颁发的技能证书，能否享受每月 400 元或每年 3600 元的专项附加扣除？

根据《个人所得税专项附加扣除暂行办法》规定，纳税人在中国境内接受的学历（学位）继续教育支出，以及接受技能人员职业资格继续教育、专业技术人员职业资格继续教育支出可以扣除。由于在国外接受的学历继续教育和国外颁发的技能证书，不符合“中国境内”的规定，因而不能享受专项附加扣除政策。

74. 公民本人现在处于本硕博连读的博士阶段，其父母已经申报享受了子女教育个税专项附加扣除。那么博士就读期间取得了律师资格证书，本人可以申报继续教育专项附加扣除吗？

如果纳税人博士就读期间有综合所得（比如稿酬或劳务报酬等），一个纳税年度内，在取得证书的当年，可以享受职业资格继续教育扣除（3600 元/年）。

75. 纳税人参加了学历（学位）教育，但是没有取得学历（学位）证书，是否可以享受继续教育专项附加扣除？

参加学历（学位）继续教育，按照实际受教育时间，享受每月 400 元的扣除。不考察最终是否取得证书，最多扣除 48 个月。

76. 纳税人参加自学考试，应当如何享受继续教育专项附加扣除？

按照《高等教育自学考试暂行条例》的有关规定，高等教育自学考试应考者取得一门课程的单科合格证书后，省考委即应为其建立考籍管理档案。具有考籍管理档案的考生，可以按照《个人所得税专项附加扣除暂行办法》的规定，享受继续教育专项附加扣除。

77. 纳税人参加夜大、函授、现代远程教育、广播电视大学等学习，是否可以享受继续教育专项附加扣除？

纳税人参加夜大、函授、现代远程教育、广播电视大学等教育，所读学校为其建立学籍档案的，可以享受学历（学位）继续教育专项附加扣除。

78. 同时接受多个学历继续教育或者取得多个专业技术人员职业资格证书，是否均需要填写？

对同时接受多个学历继续教育，或者同时取得多个职业资格证书的，只需填报其中一个即可。但如果同时存在学历继续教育、职业资格继续教育两类继续教育情形，则每一类都要填写。

79. 享受继续教育专项附加扣除应当报送哪些信息？留存哪些资料备查？

根据《个人所得税专项附加扣除操作办法（试行）》第十三条的规定，纳税人享受继续教育专项附加扣除，接受学历（学位）继续教育的，应当填报教育起止时间、教育阶段等信息；接受技能人员或者专业技术人员职业资格继续教育的，应当填报证书名称、证书编号、发证机关、发证（批准）时间等信息。

纳税人需要留存备查资料包括：纳税人接受技能人员职业资格继续教育、专业技术人员职业资格继续教育的，应当留存职业资格相关证书等资料。

80. 夫妻同时有大病医疗支出，想全部在男方扣除，扣除限额为多少？

根据《个人所得税专项附加扣除暂行办法》第十一条的规定，在一个纳税年度内，纳税人发生的与基本医保相关的医药费用支出，扣除医保报销后个人负担（指医保目录范围内的自付部分）累计超过15000元的部分，由纳税人在办理年度汇算清缴时，在80000元限额内据实扣除。根据《个人所得税专项附加扣除暂行办法》第十二条第二款的规定，纳税人及其配偶、未成年子女发生的医药费用支出，按本办法第十一条规定分别计算扣除额。因此，夫妻两人同时有符合条件的大病医疗支出，可以选择都在男方扣除，每人最高扣除限额为8万元。

81. 不在医保目录的大病用药支出，能否享受个税专项扣除？

根据《个人所得税专项附加扣除暂行办法》第十一条的规定，在一个纳税年度内，纳税人发生的与基本医保相关的医药费用支出，扣除医保报销后个人负担（指医保目录范围内的自付部分）累计超过15000元的部分，由纳税人在办理年度汇算清缴时，在80000元限额内据实扣除。由此可见，纳税人发生的与医保相关的医药费用支出，必须是医保目录范围内的医药，不在医保目录的大病用药支出，不能享受大病医疗专项扣除。

82. 父母生病，子女能享受大病医疗专项附加扣除吗？

根据《个人所得税专项附加扣除暂行办法》第十二条第一款的规定，纳税人发生的医药费用支出可以选择由本人或者其配偶扣除；未成年子女发生的医药费用支出可以选择由其父母一方扣除。由此可见，《个人所得税专项附加扣除暂行办法》规定的大病医疗专项附加扣除仅包括纳税人自己、其配偶及未成年子女，而不包括纳税人的父母。因此，父母生病，子女不能享受大病医疗专项附加扣除。

83. 享受大病医疗专项附加扣除应当报送哪些信息？留存哪些资料备查？

根据《个人所得税专项附加扣除操作办法（试行）》第十七条的规定，纳税人享受大病医疗专项附加扣除，应当填报患者姓名、身份证件类型及号码、与纳税人关系、与基本医保相关的医药费用总金额、医保目录范围内个人负担的自付金额等信息。

纳税人需要留存备查资料包括：大病患者医药服务收费及医保报销相关票据原件或复印件，或者医疗保障部门出具的纳税年度医药费用清单等资料。

84. 大病医疗支出中，纳税人年末住院，第二年年初出院，这种跨年度的医疗费用，如何计算扣除额？是分两个年度分别扣除吗？

纳税人年末住院，第二年年初出院，一般是在出院时才进行医疗费用的结算。纳税人申报享受大病医疗扣除，以医疗费用结算单上的结算时间为准，因此该医疗支出属于是第二年的医疗费用，到2019年结束时，如果达到大病医疗扣除的“起付线”，可以在2020年汇算清缴时享受扣除。

85. 在私立医院就诊是否可以享受大病医疗专项附加扣除？

对于纳入医疗保障结算系统的私立医院，只要纳税人看病的支出在医保系统可以体现和归集，则纳税人发生的与基本医保相关的支出，可以按照规定享受大病医疗专项附加扣除。

86. 住房贷款利息如何进行个税专项附加扣除？

根据《个人所得税专项附加扣除暂行办法》第十四条的规定，纳税人本人或者配偶单独或者共同使用商业银行或者住房公积金个人住房贷款为本人或者其配偶购买中国境内住房，发生的首套住房贷款利息支出，在实际发生贷款利息的年度，按照每月1000元的标准定额扣除，扣除期限最长不超过240个月。纳税人只能享受一次首套住房贷款的利息扣除。

需要注意的是，住房贷款利息专项附加扣除的范围是纳税人本人或者配偶单独或者共同使用商业银行或者住房公积金个人住房贷款为本人或者其配偶购买中国境内住房，发生的首套住房贷款利息支出。

87. 住房贷款利息进行专项附加扣除时如何确定是首套住房贷款？

住房贷款利息专项附加扣除办法中所称的首套住房贷款是指购买住房享受首套住房贷款利率的住房贷款。纳税人只能享受一次首套住房贷款的利息扣除。实际操作中，纳税人可咨询所贷款的银行。

88. 夫妻双方婚前分别购买住房发生的首套住房贷款利息如何享受专项附加扣除？

根据《个人所得税专项附加扣除暂行办法》第十五条第二款的规定，夫妻双方婚前分别购买住房发生的首套住房贷款，其贷款利息支出，婚后可以选择其中一套购买的住房，由购买方按扣除标准的100%扣除，也可以由夫妻双方对各自购买的住房分别按扣除标准的50%扣除，具体扣除方式在一个纳税年度内不能变更。

89. 住房贷款利息和住房租金扣除可以同时享受吗？

住房贷款利息和住房租金扣除不能同时享受。纳税人及其配偶在一个纳税年度内不能同时分别享受住房贷款利息和住房租金专项附加扣除。

90. 首套房的贷款还清后，贷款购买第二套房屋时，银行仍旧按照首套房贷款利率发放贷款，首套房没有享受过扣除，第二套房屋是否可以享受住房贷款利息扣除？

根据《个人所得税专项附加扣除暂行办法》相关规定，如纳税人此前未享受过住房贷款利息扣除，那么其按照首套住房贷款利率贷款购买的第二套住房，可以享受住房贷款利息扣除。

91. 纳税人有一套住房，是公积金和商贷的组合贷款，公积金中心按首套贷款利率发放，商业银行贷款按普通商业银行贷款利率发放，是否可以享受住房贷款利息个税专项附加扣除？

一套采用组合贷款方式购买的住房，如公积金中心或者商业银行其中之一，是按照首套房屋贷款利率发放的贷款，则可以享受住房贷款利息个税专项附加扣除。

92. 父母和子女共同购房，房屋产权证明、贷款合同均登记为父母和子女，住房贷款利息专项附加扣除如何享受？

父母和子女共同购买一套房子，不能既由父母扣除，又由子女扣除，应该由主贷款人扣除。如主贷款人为子女的，由子女享受贷款利息专项附加扣除；主贷款人为父母中一方的，由父母任一方享受贷款利息扣除。

93. 父母为子女买房，房屋产权证明登记为子女，贷款合同的贷款人为父母，住房贷款利息支出的专项附加扣除由谁享受？

从实际看，房屋产权证明登记主体与贷款合同主体完全没有交叉的情况很少发生。如确有此类情况，按照《个人所得税专项附加扣除暂行办法》规定，只有纳税人本人或者配偶使用住房贷款为本人或者其配偶购买中国境内住房，发生的首套住房贷款利息支出可以扣除。本例中，父母所购房屋是为子女购买的，不符合上述规定，因而父母和子女均不可以享受住房贷款利息专项附加扣除。

94. 丈夫婚前购买的首套住房，婚后由丈夫还贷，首套住房利息是否只能由丈夫扣除？妻子是否可以扣除？

按照《个人所得税专项附加扣除暂行办法》规定，经夫妻双方约定，可以选择由夫妻中一方扣除，具体扣除方式在一个纳税年度内不能变更。

95. 纳税人刚办的房贷期限是 30 年，现在扣完子女教育和赡养老人就不用缴税了，那么纳税人可以选择过两年再开始办理房贷扣除吗？

住房贷款利息支出扣除实际可扣除时间为，贷款合同约定开始还款的当月至贷款全部归还或贷款合同终止的当月，扣除期限最长不得超过 240 个月。因此，在不超过 240 个月以内，纳税人可以根据个人情况办理符合条件的住房贷款利息专项附加扣除。

96. 享受住房贷款利息专项附加扣除应当报送哪些信息？留存哪些资料备查？

根据《个人所得税专项附加扣除操作办法（试行）》第十四条的规定，纳税人享受住房贷款利息专项附加扣除，应当填报住房权属信息、住房坐落地址、贷款方式、贷款银行、贷款合同编号、贷款期限、首次还款日期等信息；纳税人有配偶的，填写配偶姓名、身份证件类型及号码。

纳税人需要留存备查资料包括：住房贷款合同、贷款还款支出凭证等资料。

97. 住房租金如何进行个税专项附加扣除？

根据《个人所得税专项附加扣除暂行办法》第十七条的规定，纳税人在主要工作城市没有自有住房而发生的住房租金支出，可以按照以下标准定额扣除：（1）直辖市、省会（首府）城市、计划单列市以及国务院确定的其他城市，扣除标准为每月1500元；（2）除第一项所列城市以外，市辖区户籍人口超过100万的城市，扣除标准为每月1100元；市辖区户籍人口不超过100万的城市，扣除标准为每月800元。市辖区户籍人口，以国家统计局公布的数据为准。

98. 个人的工作城市与实际租赁房产地不一致，是否符合条件扣除住房租赁支出？

纳税人在主要工作城市没有自有住房而发生的住房租金支出，可以按照规定标准定额扣除住房租金专项附加扣除。

99. 两人合租住房，住房租金支出扣除应如何操作？

根据《个人所得税专项附加扣除暂行办法》第十九条的规定，住房租金支出由签订租赁合同的承租人扣除。因此，合租租房的个人，若都与出租方签署了规范租房合同，可根据租金定额标准各自扣除。

100. 员工住宿舍可以扣除租金支出吗？

如果个人不付租金，不得扣除。如果本人支付租金，可以扣除。

101. 某些行业员工流动性比较大，一年换几个城市租赁住房，或者当年度一直外派并在当地租房子，这种情况下纳税人如何申报住房租金专项附加扣除？

对于为外派员工解决住宿问题的，不应扣除住房租金。对于外派员工自行解决租房问题的，对于一年内多次变换工作地点的，个人应及时向扣缴义务人或者税务机关更新专项附加扣除相关信息，允许一年内按照更换工作地点的情况分别进行扣除。

102. 如果纳税人是铁路职工，主要工作地在上海和杭州，上海公司提供住宿，杭州自己租房且无自有住房，杭州的房租是否可以进行专项附加扣除？

根据《个人所得税专项附加扣除暂行办法》规定，纳税人及其配偶在纳税人主要工作城市没有自有住房的，纳税人发生的住房租金支出可以扣除。如果纳税人和配偶均在杭州没有自有住房，而杭州又是纳税人主要工作城市的，杭州的房租可以扣除。

103. 公租房是公司与保障房公司签的协议，但员工是需要付房租的，这种情况下员工是否可以享受住房租金专项附加扣除？

纳税人在主要工作城市没有自有住房而发生的住房租金支出，可以按照标准定额扣除。员工租用公司与保障房公司签订的保障房，并支付租金的，可以申报扣除住房租金专项附加扣除。

104. 纳税人公司所在地为保定，被派往分公司北京工作，纳税人及其配偶在北京都没有住房，由于工作原因在北京租房，纳税人是否可以享受住房租金专项附加扣除，按照哪个城市的标准扣除？

符合条件的纳税人在主要工作地租房的支出可以享受住房租金扣除。主要工作地指的是纳税人的任职受雇所在地，如果任职受雇所在地与实际工作地不符的，以实际工作地为主要工作城市。按照纳税人陈述的情形，纳税人当前的实际工作地（主要工作地）是北京市，应当按照北京市的标准享受住房租金专项附加扣除。

105. 纳税人年度中间换租造成中间有重叠租赁月份的情况，如何填写相关信息？

纳税人年度中间月份更换租赁住房、存在租赁期有交叉情形的，纳税人在填写租赁日期时应当避免日期有交叉。

如果此前已经填报过住房租赁信息的，只能填写新增租赁信息，且必须晚于上次已填报的住房租赁期止所属月份。确需修改已填报信息的，需联系扣缴义务人在扣缴客户端修改。

106. 享受住房租金专项附加扣除应当报送哪些信息？留存哪些资料备查？

根据《个人所得税专项附加扣除操作办法（试行）》第十五条的规定，纳税人享受住房租金专项附加扣除，应当填报主要工作城市、租赁住房坐落地址、出租人姓名及身份证件类型和号码或者出租方单位名称及纳税人识别号（社会统一信用代码）、租赁起止时间等信息；纳税人有配偶的，填写配偶姓名、身份证件类型及号码。

纳税人需要留存备查资料包括：住房租赁合同或协议等资料。

107. 2018 年第四季度的全年一次性奖金个人所得税如何计算缴纳？

在 2018 年第四季度取得的全年一次性奖金，可以按照《国家税务总局关于调整个人取得全年一次性奖金等计算征收个人所得税方法问题的通知》的有关规定和计税方法缴纳税款，但全年一次性奖金计税方法，纳税人在一个纳税年度内只能享受一次。具体计算方法如下：将全年一次性奖金除以12个月后的商数，按照财务部和税务总局《关于2018年第四季度个人所得税减除费用和税率适用问题的通知》中所附的新月度税率表查找适用税率和速算扣除数。对于在取得年终一次性奖金的当月，个人月工资收入低于5000元的，可以先从全年一次性奖金中减去“当月工资收入低于5000元的差额”，就其余额按上述办法查找适用税率和速算扣除数计算税款。

108. 如果个人所得税年度预扣预缴税款与年度应纳税额不一致，如何处理？

根据《国家税务总局关于个人所得税自行纳税申报有关问题的公告》第一条第三、四项的规定，符合“（三）纳税年度内预缴税额低于应纳税额；（四）纳税人申请退税”的情形，纳税人需要办理汇算清缴。纳税人应当在取得所得的次年3月1日至6月30日内，向任职、受雇单位所在地主管税务机关办理汇算清缴纳税申报，并报送《个人所得税年度自行纳税申报表》，税款多退少补。

109. 赡养老人的子女如何对费用进行分摊？

赡养老人专项附加扣除的分摊方式包括由赡养人均摊或约定分摊，也可以由被赡养人指定分摊。采取指定分摊或者约定分摊方式的，每一纳税人分摊的扣除额最高不得超过每月1000元，并签订书面分摊协议，指定分摊与约定分摊不一致的，以指定分摊为准。

110. 赡养老人专项附加扣除要满足什么条件？

纳税人赡养一位及以上年满60岁的父母，以及子女均已去世的年满60岁的祖父母、外祖父母的赡养支出，可以税前扣除。

111. 纳税人父母年龄均超过60周岁，在进行赡养老人扣除时，是否可以按照两倍标准扣除？

不可以按照两倍标准扣除。扣除标准是按照每个纳税人有两位赡养老人测算的。只要父母其中一位达到60岁就可以享受扣除，不按照老人人数计算。

112. 由于纳税人的叔叔伯伯无子女，纳税人实际承担对叔叔伯伯的赡养义务，是否可以享受赡养老人专项附加扣除？

不可以享受。被赡养人是指年满60岁的父母，以及子女均已去世的年满60岁的祖父母、外祖父母。

113. 生父母有两个子女，将其中一个过继给养父母，养父母家没有其他子女，被过继的子女属于独生子女吗？留在原家庭的孩子，属于独生子女吗？

被过继的子女，在新家庭中属于独生子女。留在原家庭的孩子，如没有兄弟姐妹与其一起承担赡养生父母的义务，也可以按照独生子女标准享受赡养老人专项附加扣除。

114. 非独生子女的兄弟姐妹都已去世，是否可以享受独生子女赡养老人每月2000元的扣除标准？

一个纳税年度内，如果纳税人的其他兄弟姐妹均已去世，其可在第二年按照独生子女赡养老人标准2000元/月扣除。如纳税人的兄弟姐妹在2019年1月1日以前均已去世，则选择按“独生子女”身份享受赡养老人扣除标准；如纳税人已按“非独生子女”身份填报，可修改已申报信息，1月按非独生子女身份扣除少享受的部分，可以在下月领工资时补扣除。

115. 两个子女中的一个无赡养父母的能力，是否可以由余下那名子女享受2000元扣除标准？

按照《个人所得税专项附加扣除暂行办法》规定，纳税人为非独生子女的，在兄弟姐妹之间分摊2000元/月的扣除额度，每人分摊的额度不能超过每月1000元，不能由其中一人单独享受全部扣除。

116. 赡养养父母能享受赡养老人专项附加扣除吗？

根据《个人所得税专项附加扣除暂行办法》第二十二条的规定，纳税人赡养一位及以上被赡养人的赡养支出，可以享受个人所得税专项附加扣除。根据《个人所得税专项附加扣除暂行办法》第二十九条的规定，本办法所称父母，是指生父母、继父母、养父母。因此，赡养养父母是能享受赡养老人专项附加扣除的。

117. 赡养老人的分摊扣除，是否需要向税务机关报送协议？

根据《个人所得税专项附加扣除操作办法（试行）》第十六条的规定，纳税人约定或指定分摊的书面分摊协议等资料需要留存备查。纳税人之间赡养老人支出采用分摊扣除的，如果是均摊，兄弟姐妹之间不需要再签订书面协议，也无需向税务机关报送。如果采取约定分摊或者老人指定分摊的方式，需要签订书面协议，书面协议不需要向税务机关或者扣缴义务人报送，自行留存备查。

118. 赡养岳父岳母或公婆的费用是否可以享受个人所得税专项附加扣除？

根据《个人所得税专项附加暂行办法》第二十三条的规定，被赡养人是指年满60岁的父母，以及子女均已去世的年满60岁的祖父母、外祖父母。由此可见，赡养岳父母和公婆的费用是不能享受个人所得税专项附加扣除的。

119. 享受赡养老人专项附加扣除应当报送哪些信息？留存哪些资料备查？

根据《个人所得税专项附加扣除操作办法（试行）》第十六条的规定，纳税人享受赡养老人专项附加扣除，应当填报纳税人是否为独生子女、月扣除金额、被赡养人姓名及身份证件类型和号码、与纳税人关系；有共同赡养人的，需填报分摊方式、共同赡养人姓名及身份证件类型和号码等信息。

纳税人需要留存备查资料包括：约定或指定分摊的书面分摊协议等资料。

120. 境内员工外派到境外是否可以享受专项附加扣除？

境内员工外派到境外工作，为中国税收居民个人的，符合专项附加扣除条件的，可以按规定享受专项附加扣除。

121. 境外员工在境外工作，是否可以享受专项附加扣除？

境外员工在境外工作，一般属于非居民个人，其取得所得属于来源于中国境外的所得，一般不在境内缴税，不得享受专项附加扣除。

122. 非居民个人符合条件转变为居民个人后，是否可以在计算个人所得税时扣除赡养老人的费用？

非居民个人符合条件转变为居民个人后，可以在年度汇算清缴时享受赡养老人的专项附加扣除政策。

123. 专项附加扣除信息采集的方法有哪些？

根据《个人所得税专项附加扣除操作办法（试行）》第十九条至第二十一条的规定，专项附加信息采集的方法有以下几种：（1）纳税人可以通过远程办税端、电子或者纸质报表等方式，向扣缴义务人或者主管税务机关报送个人专项附加扣除信息。（2）纳税人选择纳税年度内由扣缴义务人办理专项附加扣除的，按下列规定办理：①纳税人通过远程办税端选择扣缴义务人并报送专项附加扣除信息的，扣缴义务人根据接收的扣除信息办理扣除。②纳税人通过填写电子或者纸质《扣除信息表》直接报送扣缴义务人的，扣缴义务人将相关信息导入或者录入扣缴端软件，并在次月办理扣缴申报时提交给主管税务机关。《扣除信息表》应当一式两份，纳税人和扣缴义务人签字（章）后分别留存备查。（3）纳税人选择年度终了后办理汇算清缴申报时享受专项附加扣除的，既可以通过远程办税端报送专项附加扣除信息，也可以将电子或者纸质《扣除信息表》（一式两份）报送给汇缴地主管税务机关。报送电子《扣除信息表》的，主管税务机关受理打印，交由纳税人签字后，一份由纳税人留存备查，一份由税务机关留存；报送纸质《扣除信息表》的，纳税人签字确认、主管税务机关受理签章后，一份退还纳税人留存备查，一份由税务机关留存。

124. 员工提供的信息不真实的，扣缴义务人怎么处理？

根据《个人所得税专项附加扣除操作办法（试行）》第二十四条和第二十五条的规定，纳税人向扣缴义务人提供专项附加扣除信息的，扣缴义务人应当按照规定予以扣除，不得拒绝，也不得擅自更改纳税人提供的相关信息。但扣缴义务人根据其所掌握信息，发现纳税人提供的信息与实际情况不符，可以要求纳税人修改。纳税人拒绝修改的，扣缴义务人应当向主管税务机关报告，税务机关应当及时处理。

125. 扣缴义务人不接受纳税人提交的专项附加扣除资料怎么办？

根据《个人所得税专项附加扣除操作办法（试行）》第二十四

条的规定，纳税人向扣缴义务人提供专项附加扣除信息的，扣缴义务人应当按照规定予以扣除，不得拒绝。

126. 预缴工资薪金的个税，发现预缴申报有错，多缴纳了，是可以当期办理退税还是等办理了汇算清缴再多退少补？

区分具体情形办理：如果是由于申报错误、与实际不符而导致多缴的，可以选择当期办理更正申报申请退税；如果是未及时报送或享受专项附加扣除导致多缴税款的，由于居民个人工资薪金所得采取累计预扣法申报纳税，纳税人可通过扣缴义务人在补充专项附加扣除申报信息的下月办理预扣预缴申报时，申报享受，准确缴纳预缴税款。

127. 一个纳税年度内未享受专项附加扣除的，次年能补充扣除吗？

根据《个人所得税专项附加扣除操作办法（试行）》第七条的规定，一个纳税年度内，纳税人在扣缴义务人预扣预缴税款环节未享受或未足额享受专项附加扣除的，可以在当年内向支付工资、薪金的扣缴义务人申请在剩余月份发放工资、薪金时补充扣除，也可以在次年3月1日至6月30日内，向汇缴地主管税务机关办理汇算清缴时申报扣除。

128. 企业年金在计算个人所得税时可以扣除吗？

根据《个人所得税法》第六条第一款第一项的规定，居民个人的综合所得，以每一纳税年度的收入额减除费用6万元以及专项扣除、专项附加扣除和依法确定的其他扣除后的余额，为应纳税所得额。根据《个人所得税法实施条例》第十三条的规定，个人所得税法第六条第一款第一项所称依法确定的其他扣除，包括个人缴付符合国家规定的企业年金、职业年金，个人购买符合国家规定的商业健康保险、税收递延型商业养老保险的支出，以及国务院规定可以扣除的其他项目。由此可见，在计算个人所得税时，企业年金是可以扣除的。

129. 居民个人的境外所得如何缴纳个人所得税？

根据《个人所得税法》第七条的规定，居民个人从中国境外取得的所得，可以从其应纳税额中抵免已在境外缴纳的个人所得税税额，但抵免额不得超过该纳税人境外所得依照本法规定计算的应纳税额。

130. 个体工商户如何申报个人所得税？

个体工商户业主、个人独资企业投资者、合伙企业个人合伙人、承包承租经营者个人以及其他从事生产、经营活动的个人取得经营所得，包括个体工商户从事生产、经营活动取得的所得，个人独资企业投资人、合伙企业的个人合伙人来源于境内注册的个人独资企业、合伙企业生产、经营的所得；个人依法从事办学、医疗、咨询以及其他有偿服务活动取得的所得；个人对企业、事业单位承包经营、承租经营以及转包、转租取得的所得；个人从事其他生产、经营活动取得的所得。

上述纳税人取得经营所得，按年计算个人所得税，由纳税人在月度或季度终了后15日内，向经营管理所在地主管税务机关办理预缴纳税申报，在取得所得的次年3月31日前，向经营管理所在地主管税务机关办理汇算清缴，从两处以上取得经营所得的，选择向其中一处经营管理所在地主管税务机关办理年度汇总申报。

同时，纳税人取得应税所得，扣缴义务人未扣缴税款的，非居民个人取得工资、薪金所得，劳务报酬所得，稿酬所得，特许权使用费所得的，应当在取得所得的次年6月30日前，向扣缴义务人所在地主管税务机关办理纳税申报，有两个以上扣缴义务人均未扣缴税款的，选择向其中一处扣缴义务人所在地主管税务机关办理纳税申报。

非居民个人在次年6月30日前离境（临时离境除外）的，应当在离境前办理纳税申报。

131. 股息所得如何申报个人所得税？

对于取得利息、股息、红利所得，财产租赁所得，财产转让所得和偶然所得的，纳税人应当在取得所得的次年6月30日前，按相关规定向主管税务机关办理纳税申报。

非居民个人的工资、薪金所得，以每月收入额减除费用5000元后的余额为应纳税所得额；劳务报酬所得、稿酬所得、特许权使用费所得，以每次收入额为应纳税所得额。劳务报酬所得、稿酬所得、特许权使用费所得以收入减除20%的费用后的余额为收入额。其中，稿酬所得的收入额减按70%计算。

132. 纳税人一家都在农村务农，能享受个人所得税专项附加扣除吗？能够享受哪些方面的税收优惠？

根据修改后的税法规定，纳税人取得工资薪金、劳务报酬、稿酬、特许权使用费等综合所得，可以减除专项附加扣除。如果纳税人从事个体经营，同时没有这些综合所得的，也可以享受专项附加扣除。现在很多人进城打工，也有工资收入，可以享受专项附加扣除。

纳税人在农村务农，没有综合所得，如果从事种植业、养殖业、饲养业和捕捞业取得的所得，国家是予以免征个人所得税的。

133. 我国对于个人所得税的计算单位是如何规定的？

根据《个人所得税法》第十六条的规定，我国的个人所得税各项所得的计算，以人民币为计算单位。所得为人民币以外的货币的，根据《个人所得税法实施条例》第三十二条的规定，所得为人民币以外货币的，按照办理纳税申报或者扣缴申报的上一月最后一日人民币汇率中间价，折合成人民币计算应纳税所得额。年度终了后办理汇算清缴的，对已经按月、按季或者按次预缴税款的人民币以外货币所得，不再重新折算；对应当补缴税款的所得部分，按照上一纳税年度最后一日人民币汇率中间价，折合成人民币计算应纳税所得额。

134. 税务机关在什么情形下可以进行纳税调整？

根据《个人所得税法》第八条的规定，有下列情形之一的，税务机关有权按照合理方法进行纳税调整：（1）个人与其关联方之间的业务往来不符合独立交易原则而减少本人或者其关联方应纳税额，且无正当理由；（2）居民个人控制的，或者居民个人和居民企业共同控制的设立在实际税负明显偏低的国家（地区）的企业，无合理经营需要，对应当归属于居民个人的利润不作分配或者减少分配；（3）个人实施其他不具有合理商业目的的安排而获取不当税收利益。税务机关依照上述情形作出纳税调整，需要补征税款的，应当补征税款，并依法加收利息。

135. 取得综合所得需要办理汇算清缴的情形有哪些？

根据《个人所得税法实施条例》第二十五条的规定，取得综合所得需要办理汇算清缴的情形包括：（1）从两处以上取得综合所得，且综合所得年收入额减除专项扣除的余额超过 6 万元；（2）取得劳务报酬所得、稿酬所得、特许权使用费所得中一项或者多项所得，且综合所得年收入额减除专项扣除的余额超过 6 万元；（3）纳税年度内预缴税额低于应纳税额；（4）纳税人申请退税。纳税人申请退税，应当提供其在中国境内开设的银行账户，并在汇算清缴地就地办理税款退库。

136. 境外所得要在什么时候申报？

居民个人从中国境外取得所得的，应当在取得所得的次年 3 月

1日至6月30日内，向中国境内任职、受雇单位所在地主管税务机关办理纳税申报；在中国境内没有任职、受雇单位的，向户籍所在地或中国境内经常居住地主管税务机关办理纳税申报；户籍所在地与中国境内经常居住地不一致的，选择其中一地主管税务机关办理纳税申报；在中国境内没有户籍的，向中国境内经常居住地主管税务机关办理纳税申报。

纳税人因移居境外注销中国户籍的，应当在申请注销中国户籍前，向户籍所在地主管税务机关办理纳税申报，进行税款清算。

非居民个人在中国境内从两处以上取得工资、薪金所得的，应当在取得所得的次月15日内，向其中一处任职、受雇单位所在地主管税务机关办理纳税申报。

137. 纳税人涉税信息与实际不符，税务机关应该如何处理?

支付工资、薪金所得的扣缴义务人应当于年度终了后两个月内，向纳税人提供其个人所得和已扣缴税款等信息；纳税人年度中间需要提供上述信息的，扣缴义务人应当提供；纳税人取得除工资、薪金所得以外的其他所得，扣缴义务人应当在扣缴税款后，及时向纳税人提供其个人所得和已扣缴税款等信息。

同时，扣缴义务人应当按照纳税人提供的信息计算税款、办理扣缴申报，不得擅自更改纳税人提供的信息。扣缴义务人发现纳税人提供的信息与实际情况不符的，可以要求纳税人修改。纳税人拒绝修改的，扣缴义务人应当报告税务机关，税务机关应当及时处理。纳税人发现扣缴义务人提供或者扣缴申报的个人信息、支付所得、扣缴税款等信息与实际情况不符的，有权要求扣缴义务人修改。扣缴义务人拒绝修改的，纳税人应当报告税务机关，税务机关应当及时处理。

扣缴义务人对纳税人提供的《个人所得税专项附加扣除信息表》，应当按照规定妥善留存备查；扣缴义务人应当依法对纳税人报送的专项附加扣除等相关涉税信息和资料保密。

下篇

案例释法

138. 独自一人在北京打拼如何缴纳个人所得税？

案情简介

小强毕业后在北京一家互联网公司工作，月工资 12000 元，“五险一金”专项扣除为 2000 元。刚步入社会的小强与他人合租。小强是家里的独生子，其父亲在 2019 年 1 月 5 日年满 62 岁，请问小强应缴纳多少税额？

律师点评

根据《个人所得税法》的规定，工资、薪金收入的应纳税所得额 = 每月收入额 - 5000 元 - 专项扣除 - 专项附加扣除 - 依法确定的其他扣除，其应纳税额 = （每月收入额 - 5000 元 - 专项扣除 - 专项附加扣除 - 依法确定的其他扣除）×适用税率。具体到本案中，小强的“五险一金”专项扣除为 2000 元，因其北京没有自住房而是租房住，且北京为直辖市，根据《个人所得税专项附加扣除暂行办法》第十七条的规定，小强每月的应纳税额可以除去 1500 元的住房专项附加。另外，小强的父亲已满 60 周岁，因小强是家里的独子，根据《个人所得税专项附加扣除暂行办法》第二十二条的规定，纳税人为独子的，按照每月 2000 元的标准定额扣除应纳所得税额。因此，小强每个月应缴纳的税额 = （12000 - 5000 - 2000 - 1500 - 2000）×3% = 45（元）。

139. 上有老下有小的夫妻如何缴纳个人所得税?

案情简介

小李夫妇在武汉某国企工作，其中，小李每个月收入15000元，其“五险一金”专项扣除为3000元；小李的妻子每个月收入12000元，其“五险一金”专项扣除为2000元。二人于2018年10月刚刚购买了两人的第一套自住房，有房贷。小李夫妇育有一女，正在上小学。小李是独生子女，小李的妻子有一个哥哥，二人的父母都已经年满60周岁，请问，小李夫妇每个月的应纳税额是多少?

律师点评

根据《个人所得税法》的规定，工资、薪金收入的应纳税所得额=每月收入额－5000元－专项扣除－专项附加扣除－依法确定的其他扣除，其应纳税额=（每月收入额－5000元－专项扣除－专项附加扣除－依法确定的其他扣除）×适用税率。根据《个人所得税专项附加扣除暂行办法》的规定，纳税义务人享受子女教育、继续教育、大病医疗、住房贷款利息或者住房租金、赡养老人等6项专项附加扣除。具体到本案中，小李夫妇因为有房贷，二人的首套住房贷款利息支出可以按照每月1000元的定额从一方的应纳所得税额中扣除或者由双方分别按标准的50%扣除。二人因女儿上小学，可以按照每月1000元的定额从一方的应纳所得税额中扣除，二人可以选择其中一方按扣除标准的100%扣除，也可以选择由双方分别按标准的 50% 扣除。根据《个人所得税专项附件扣除暂行办法》第二十二条的规定，纳税人赡养一位及以上被赡养人的赡养支出，统一按照以下标准定额扣除：（1）纳税人为独生子女的，按照每月 2000 元的标准定额扣除；（2）纳税人为非独生子女的，由其与兄弟姐妹分摊每月 2000 元的扣除额度，每人分摊的额度不能超过每月 1000 元。小李因为是独生子，每月可以按照 2000 元的定额扣除应纳税所得额；小李的妻子因为有一个哥哥，其可以按照每月 1000 元的定额扣除应纳税所得额。

假设小李夫妇的住房贷款利息和子女教育的专项附件都选择由双方分别按扣除标准的 50% 扣除，则小李每个月的应纳税额 =（15000 - 5000 - 3000 - 500 - 500 - 2000） ×10% - 210 = 190（元）；小李妻子每个月的应纳税额 =（12000 - 5000 - 2000 - 500 - 500 - 1000） ×3% = 90（元）。

140. 年终奖该如何纳税？

案情简介

王先生大学毕业后即进入某国企工作，现在已是该公司的一名中层管理人员。王先生 2019 年因公司 2018 年效益一般，获得与 2017 年相同的年终奖 10 万元，2017 年 10 万元的年终奖最后拿到手仅 8 万多一点，2019 年，王先生不知道《个人所得税法》调整后，自己同样的 10 万元拿到手能有多少？

律师点评

根据《财政部 税务总局关于个人所得税法修改后有关优惠政策衔接问题的通知》的规定，居民个人取得全年一次性奖金，符合《国家税务总局关于调整个人取得全年一次性奖金等计算征收个人所得税方法问题的通知》（国税发〔2005〕9号）规定的，在2021年12月31日前，不并入当年综合所得，以全年一次性奖金收入除以12个月得到的数额，按照本通知所附按月换算后的综合所得税率表，确定适用税率和速算扣除数，单独计算纳税。计算公式为：

应纳税额＝全年一次性奖金收入×适用税率－速算扣除数

因此，若王先生2019年获得年终奖10万元，其年终奖缴纳个税的算法为，100000÷12＝8333元，8333元适用现行税率表的10%税率，王先生的年终奖应交税100000×10%－210＝9790（元）。

附件：按月换算后的综合所得税率表

级数	全月应纳税所得额	税率（%）	速算扣除数
1	不超过3000元的	3	0
2	超过3000元至12000元的部分	10	210
3	超过12000元至25000元的部分	20	1410
4	超过25000元至35000元的部分	25	2660
5	超过35000元至55000元的部分	30	4410
6	超过55000元至80000元的部分	35	7160
7	超过80000元的部分	45	15160

若2017年王先生也获得年终奖10万元，年终奖缴纳个税的算

法为，100000 ÷ 12 = 8333 元，8333 元适用原税率表的 20% 税率，B 的年终奖应交税 100000 × 20% － 555 = 19445 元。因此，王先生在 2019 年个税改革后，年终奖能减税 9655 元，减税比例近 50%。王先生 2019 年的年终奖到手能比 2017 年多出近一万元。因为王先生的年终奖平摊在 12 个月后的数额，跨越了税率表的税率档次（比如原适用 20%，现适用 10% 的情况），则减税金额较高，减税比例较大。

个人所得税税率表一（综合所得适用）

级数	全年应纳税所得额	税率（%）
1	不超过 36000 元的	3
2	超过 36000 元至 144000 元的部分	10
3	超过 144000 元至 300000 元的部分	20
4	超过 300000 元至 420000 元的部分	25
5	超过 420000 元至 660000 元的部分	30
6	超过 660000 元至 960000 元的部分	35
7	超过 960000 元的部分	45

141. 赡养外祖父母能否享受个人所得税赡养老人专项附加扣除？

案情简介

小林在其五岁时，父母因车祸不幸丧生。小林的外祖父母因女儿是独生女，一度失去了生活的勇气。二人从悲痛中走出来后，决心将小林带大。小林在 2018 年 7 月大学毕业后顺利在一家翻译公司找到了一份工作。工作后的小林发现外祖父母都已年过花甲，身体健康每况愈下。于是承担起了赡养外祖父母的责任。小林赡养自己的外祖父母，能享受个人所得税赡养老人的专项附加扣除吗？

律师点评

根据《个人所得税专项附加扣除暂行办法》第二十二条和第二十三条的规定，纳税人赡养一位及以上被赡养人的赡养支出，统一按照以下标准定额扣除：（1）纳税人为独生子女的，按照每月2000元的标准定额扣除；（2）纳税人为非独生子女的，由其与兄弟姐妹分摊每月2000元的扣除额度，每人分摊的额度不能超过每月1000元。可以由赡养人均摊或者约定分摊，也可以由被赡养人指定分摊。约定或者指定分摊的须签订书面分摊协议，指定分摊优先于约定分摊。具体分摊方式和额度在一个纳税年度内不能变更。本办法所称被赡养人是指年满60岁的父母，以及子女均已去世的年满60岁的祖父母、外祖父母。具体到本案中，小林的外祖父母均已年满60周岁，而且小林的父母已过世，小林赡养其外祖父母，可以享受个人所得税赡养老人专项附加扣除，其每个月可以享受2000元的标准定额扣除。

142. 取得美国国籍后，在中国取得的商铺租金收入应该纳税吗？

案情简介

王某的儿子在美国留学，毕业后定居美国并结婚生子。2018年王某取得绿卡并随儿子定居美国。王某在北京王府井附近有一间商铺，并委托其朋友李某将店铺租给他人，租金每年 35 万元，一次性付清。李某收取租金后，按照《个人所得税法》的规定代王某向税务机关缴纳了个人所得税。王某得知此事后非常困惑，认为自己已经是美国公民，无须向中国税务机关缴纳个人所得税。那么，王某就其在国内取得的商铺房屋租金，应该缴纳个人所得税吗?

律师点评

本案涉及的是中国公民在取得美国国籍后，其在中国取得的商铺租金收入是否应该纳税的问题。根据《个人所得税法》第一条第二款的规定，在中国境内无住所又不居住，或者无住所而一个纳税年度内在中国境内居住累计不满 183 天的个人，为非居民个人。非居民个人从中国境内取得的所得，依照本法规定缴纳个人所得税。

具体到本案中，王某虽然已经拿到绿卡加入美国国籍，但其购买的店铺在中国国内，其将店铺出租给他人使用并在中国境内收取租金，王某属于典型的非居民纳税人，其店铺租金收入当然应该依法缴纳个人所得税。

143. 员工出差取得的差旅费津贴和午餐补助需要缴纳个人所得税吗?

案情简介

2019年1月，李某从北京某大学毕业后进入一家房地产公司工作。入职后不久，李某被公司派往南京出差，一个星期之后回到公司领取差旅费津贴1000元、午餐补助500元。李某对自己该月应当如何缴纳个人所得税感到疑惑。那么，员工出差取得的差旅费津贴和午餐补助需要缴纳个人所得税吗?

律师点评

本案涉及的是差旅费津贴和午餐补助是否应该按照“工资、薪金所得”缴纳个人所得税的问题。根据《个人所得税法》第二条和《个人所得税法实施条例》第六条的规定，工资、薪金所得，是指个人因任职或者受雇取得的工资、薪金、奖金、年终加薪、劳动分红、津贴、补贴以及与任职或者受雇有关的其他所得。但是，《国家税务总局关于印发〈征收个人所得税若干问题的规定〉的通知》第二条规定，差旅费津贴、午餐补助不属于工资、薪金性质的补贴、津贴，依法不征税。具体到本案中，李某出差所获得的旅费津贴1000元、午餐补助500元不属于工资、薪金性质的补贴，依法不用缴纳个人所得税。

144. 抽奖所得的手机是否因为是实物而不用缴纳个人所得税？

案情简介

朱某在一家通信公司工作，他与女朋友王某自从大学时便相恋，二人感情十分稳定。2019 年 1 月的一天，朱某心想女朋友王某下周就要过生日，打算到商场买一条项链送给王某。下班后，朱某到商场购买项链，恰逢商场在搞有奖销售的促销活动，朱某在购买了价值 10000 元的铂金项链后按照工作人员的引导参加抽奖，结果抽得了一台价值 6000 元的手机。当朱某去领奖时被告知，领奖之前要先缴纳个人所得税，朱某非常不理解，认为只有当买彩票中了现金大奖时才应该纳税，而获得实物是不应该缴纳个人所得税的。那么，抽奖所得的手机是否因为是实物而不用缴纳个人所得税？

律师点评

本案涉及的是个人所得的形式为实物时是否需要缴纳个人所得税的问题。我国《个人所得税法》第二条规定，偶然所得，应缴纳个人所得说。《个人所得税法实施条例》第六条规定，偶然所得，是指个人得奖、中奖、中彩以及其他偶然性质的所得。该条例第八条规定，个人所得的形式，包括现金、实物、有价证券和其他形式的经济利益；所得为实物的，应当按照取得的凭证上所注明的价格计算应纳税所得额，无凭证的实物或者凭证上所注明的价格明显偏低的，参照市场价格核定应纳税所得额；所得为有价证券的，根据票面价格和市场价格核定应纳税所得额；所得为其他形式的经济利益的，参照市场价格核定应纳税所得额。

具体到本案中，朱某在商场购买项链并参加抽奖活动而取得的手机属于偶然所得，理应纳税。该手机为实物，应当按照取得的凭证上所注明的6000元的价格作为应纳税所得额，按照20%的税率缴纳个人所得税。因此，朱某的应纳税额 = 6000 × 20% = 1200（元）。

145. 残疾人的投资所得可以减税吗?

案情简介

武某是个残疾青年，小时候在一场交通事故中失去双腿。但武某身残志坚，初中毕业后就独自开办了一家宠物店。由于勤奋努力，聪明好学，人缘又好，武某宠物店周边小区的居民都带着宠物来他这儿做宠物美容，买宠物用品。武某很快积累了一笔资金，他将积累资金的一部分用于宠物店装修和扩建，余下部分投资于效益好的某电子公司。经过一年的努力，武某年终除了宠物店的收入外，还可从所投资的公司获得一部分股息收入。一天，税务人员向武某投资所得部分征收个人所得税，武某认为自己是残疾人，应该减征个人所得税。那么，残疾人的投资所得可以减税吗?

律师点评

本案涉及的是残疾人的投资收入是否能够减税的问题。我国税法为了鼓励和照顾残疾人在力所能及的范围内通过自己的劳动生活，在对残疾人的收入征税时给予了政策倾斜与照顾，经批准后可以减税，但并不是残疾人的所有收入都符合减税规定。根据我国《个人所得税法》第五条的规定，经省级人民政府批准可减征残疾、孤老人员和烈属所得的个人所得税。另根据《国家税务总局关于明确残疾人所得征免个人所得税范围的批复》规定，经省级人民政府批准可减征个人所得税的残疾、孤老人员和烈属的所得仅限于劳动所得，具体所得项目为：工资、薪金所得，个体工商户的生产经营所得，对企事业单位的承包经营、承租经营所得，劳务报酬所得，稿酬所得，特许权使用费所得。由此可知，经省级人民政府批准可减征个人所得税的残疾人所得仅限于劳动所得。具体到本案中，武某经营宠物店取得的收入可以经省级人民政府批准后予以减税，但是其投资所得应该按照税法相关规定全额纳税。

146. 境外收入在国内如何缴纳个人所得税?

案情简介

小佳（中国公民在国内有住所）从某外贸公司辞职后只身前往捷克共和国开办了一家小商品批发店，每月从义乌小商品批发市场进货，运到捷克之后再分卖给当地的各个商户，第一年取得经营收入20万元，各种必要费用、损失、税金共6万元，在捷克缴纳了10000元的个人所得税。小佳在我国应补缴多少个人所得税?

律师点评

根据我国《个人所得税法》第二条和第三条的规定，经营所得，适用5%至35%的超额累进税率。具体如下：

个人所得税税率表二（经营所得适用）

级数	全年应纳税所得额	税率（%）
1	不超过30000元的	5
2	超过30000元至90000元的部分	10
3	超过90000元至300000元的部分	20
4	超过300000元至500000元的部分	30
5	超过500000元的部分	35

（注：本表所称全年应纳税所得额是指依照《个人所得税法》第六条的规定，以每一纳税年度的收入总额减除成本、费用以及损失后的余额。）

具体到本案中，王佳在捷克作为个体工商户的生产经营所得按照我国最新的《个人所得税法》的规定，应纳税所得额为200000－60000＝140000元，应该缴纳个人所得税额为30000×5%＋60000×10%＋50000×20%＝17500元。

根据我国《个人所得税法》第七条的规定，居民个人从中国境外取得的所得，可以从其应纳税额中抵免已在境外缴纳的个人所得税税额，但抵免额不得超过该纳税人境外所得依照《个人所得税法》规定计算的应纳税额。因小佳已在捷克缴纳所得税10000元，未超过其按照我国《个人所得税法》规定计算的应纳税额17500元，因此，小佳需要向我国税务总局补缴7500元的税额。

附　录

中华人民共和国个人所得税法

（1980年9月10日第五届全国人民代表大会第三次会议通过　根据1993年10月31日第八届全国人民代表大会常务委员会第四次会议《关于修改〈中华人民共和国个人所得税法〉的决定》第一次修正　根据1999年8月30日第九届全国人民代表大会常务委员会第十一次会议《关于修改〈中华人民共和国个人所得税法〉的决定》第二次修正　根据2005年10月27日第十届全国人民代表大会常务委员会第十八次会议《关于修改〈中华人民共和国个人所得税法〉的决定》第三次修正　根据2007年6月29日第十届全国人民代表大会常务委员会第二十八次会议《关于修改〈中华人民共和国个人所得税法〉的决定》第四次修正　根据2007年12月29日第十届全国人民代表大会常务委员会第三十一次会议《关于修改〈中华人民共和国个人所得税法〉的决定》第五次修正　根据2011年6月30日第十一届全国人民代表大会常务委员会第二十一次会议《关于修改〈中华人民共和国个人所得税法〉的决定》第六次修正　根据2018年8月31日第十三届全国人民代表大会常务委员会第五次会议《关于修改〈中华人民共和国个人所得税法〉的决定》第七次修正）

第一条　在中国境内有住所，或者无住所而一个纳税年度内在中国境内居住累计满一百八十三天的个人，为居民个人。居民个人从中国境内和境外取得的所得，依照本法规定缴纳个人所得税。

在中国境内无住所又不居住，或者无住所而一个纳税年度内在中国境内居住累计不满一百八十三天的个人，为非居民个人。非居民个人从中国境内取得的所得，依照本法规定缴纳个人所得税。

纳税年度，自公历一月一日起至十二月三十一日止。

第二条 下列各项个人所得，应当缴纳个人所得税：

（一）工资、薪金所得；

（二）劳务报酬所得；

（三）稿酬所得；

（四）特许权使用费所得；

（五）经营所得；

（六）利息、股息、红利所得；

（七）财产租赁所得；

（八）财产转让所得；

（九）偶然所得。

居民个人取得前款第一项至第四项所得（以下称综合所得），按纳税年度合并计算个人所得税；非居民个人取得前款第一项至第四项所得，按月或者按次分项计算个人所得税。纳税人取得前款第五项至第九项所得，依照本法规定分别计算个人所得税。

第三条 个人所得税的税率：

（一）综合所得，适用百分之三至百分之四十五的超额累进税率（税率表附后）；

（二）经营所得，适用百分之五至百分之三十五的超额累进税率（税率表附后）；

（三）利息、股息、红利所得，财产租赁所得，财产转让所得和偶然所得，适用比例税率，税率为百分之二十。

第四条 下列各项个人所得，免征个人所得税：

（一）省级人民政府、国务院部委和中国人民解放军军以上单位，以及外国组织、国际组织颁发的科学、教育、技术、文化、卫生、体育、环境保护等方面的奖金；

（二）国债和国家发行的金融债券利息；

（三）按照国家统一规定发给的补贴、津贴；

（四）福利费、抚恤金、救济金；

（五）保险赔款；

（六）军人的转业费、复员费、退役金；

（七）按照国家统一规定发给干部、职工的安家费、退职费、基本养老金或者退休费、离休费、离休生活补助费；

（八）依照有关法律规定应予免税的各国驻华使馆、领事馆的外交代表、领事官员和其他人员的所得；

（九）中国政府参加的国际公约、签订的协议中规定免税的所得；

（十）国务院规定的其他免税所得。

前款第十项免税规定，由国务院报全国人民代表大会常务委员会备案。

第五条 有下列情形之一的，可以减征个人所得税，具体幅度和期限，由省、自治区、直辖市人民政府规定，并报同级人民代表大会常务委员会备案：

（一）残疾、孤老人员和烈属的所得；

（二）因自然灾害遭受重大损失的。

国务院可以规定其他减税情形，报全国人民代表大会常务委员会备案。

第六条 应纳税所得额的计算：

（一）居民个人的综合所得，以每一纳税年度的收入额减除费用六万元以及专项扣除、专项附加扣除和依法确定的其他扣除后的余额，为应纳税所得额。

（二）非居民个人的工资、薪金所得，以每月收入额减除费用五千元后的余额为应纳税所得额；劳务报酬所得、稿酬所得、特许权使用费所得，以每次收入额为应纳税所得额。

（三）经营所得，以每一纳税年度的收入总额减除成本、费用以及损失后的余额，为应纳税所得额。

（四）财产租赁所得，每次收入不超过四千元的，减除费用八百元；四千元以上的，减除百分之二十的费用，其余额为应纳税所得额。

（五）财产转让所得，以转让财产的收入额减除财产原值和合理费用后的余额，为应纳税所得额。

（六）利息、股息、红利所得和偶然所得，以每次收入额为应纳税所得额。

劳务报酬所得、稿酬所得、特许权使用费所得以收入减除百分

之二十的费用后的余额为收入额。稿酬所得的收入额减按百分之七十计算。

个人将其所得对教育、扶贫、济困等公益慈善事业进行捐赠，捐赠额未超过纳税人申报的应纳税所得额百分之三十的部分，可以从其应纳税所得额中扣除；国务院规定对公益慈善事业捐赠实行全额税前扣除的，从其规定。

本条第一款第一项规定的专项扣除，包括居民个人按照国家规定的范围和标准缴纳的基本养老保险、基本医疗保险、失业保险等社会保险费和住房公积金等；专项附加扣除，包括子女教育、继续教育、大病医疗、住房贷款利息或者住房租金、赡养老人等支出，具体范围、标准和实施步骤由国务院确定，并报全国人民代表大会常务委员会备案。

第七条 居民个人从中国境外取得的所得，可以从其应纳税额中抵免已在境外缴纳的个人所得税税额，但抵免额不得超过该纳税人境外所得依照本法规定计算的应纳税额。

第八条 有下列情形之一的，税务机关有权按照合理方法进行纳税调整：

（一）个人与其关联方之间的业务往来不符合独立交易原则而减少本人或者其关联方应纳税额，且无正当理由；

（二）居民个人控制的，或者居民个人和居民企业共同控制的设立在实际税负明显偏低的国家（地区）的企业，无合理经营需要，对应当归属于居民个人的利润不作分配或者减少分配；

（三）个人实施其他不具有合理商业目的的安排而获取不当税

收利益。

税务机关依照前款规定作出纳税调整，需要补征税款的，应当补征税款，并依法加收利息。

第九条 个人所得税以所得人为纳税人，以支付所得的单位或者个人为扣缴义务人。

纳税人有中国公民身份号码的，以中国公民身份号码为纳税人识别号；纳税人没有中国公民身份号码的，由税务机关赋予其纳税人识别号。扣缴义务人扣缴税款时，纳税人应当向扣缴义务人提供纳税人识别号。

第十条 有下列情形之一的，纳税人应当依法办理纳税申报：

（一）取得综合所得需要办理汇算清缴；

（二）取得应税所得没有扣缴义务人；

（三）取得应税所得，扣缴义务人未扣缴税款；

（四）取得境外所得；

（五）因移居境外注销中国户籍；

（六）非居民个人在中国境内从两处以上取得工资、薪金所得；

（七）国务院规定的其他情形。

扣缴义务人应当按照国家规定办理全员全额扣缴申报，并向纳税人提供其个人所得和已扣缴税款等信息。

第十一条 居民个人取得综合所得，按年计算个人所得税；有扣缴义务人的，由扣缴义务人按月或者按次预扣预缴税款；需要办理汇算清缴的，应当在取得所得的次年三月一日至六月三十日内办理汇算清缴。预扣预缴办法由国务院税务主管部门制定。

居民个人向扣缴义务人提供专项附加扣除信息的，扣缴义务人按月预扣预缴税款时应当按照规定予以扣除，不得拒绝。

非居民个人取得工资、薪金所得，劳务报酬所得，稿酬所得和特许权使用费所得，有扣缴义务人的，由扣缴义务人按月或者按次代扣代缴税款，不办理汇算清缴。

第十二条 纳税人取得经营所得，按年计算个人所得税，由纳税人在月度或者季度终了后十五日内向税务机关报送纳税申报表，并预缴税款；在取得所得的次年三月三十一日前办理汇算清缴。

纳税人取得利息、股息、红利所得，财产租赁所得，财产转让所得和偶然所得，按月或者按次计算个人所得税，有扣缴义务人的，由扣缴义务人按月或者按次代扣代缴税款。

第十三条 纳税人取得应税所得没有扣缴义务人的，应当在取得所得的次月十五日内向税务机关报送纳税申报表，并缴纳税款。

纳税人取得应税所得，扣缴义务人未扣缴税款的，纳税人应当在取得所得的次年六月三十日前，缴纳税款；税务机关通知限期缴纳的，纳税人应当按照期限缴纳税款。

居民个人从中国境外取得所得的，应当在取得所得的次年三月一日至六月三十日内申报纳税。

非居民个人在中国境内从两处以上取得工资、薪金所得的，应当在取得所得的次月十五日内申报纳税。

纳税人因移居境外注销中国户籍的，应当在注销中国户籍前办理税款清算。

第十四条 扣缴义务人每月或者每次预扣、代扣的税款，应当在次月十五日内缴入国库，并向税务机关报送扣缴个人所得税申报表。

纳税人办理汇算清缴退税或者扣缴义务人为纳税人办理汇算清缴退税的，税务机关审核后，按照国库管理的有关规定办理退税。

第十五条 公安、人民银行、金融监督管理等相关部门应当协助税务机关确认纳税人的身份、金融账户信息。教育、卫生、医疗保障、民政、人力资源社会保障、住房城乡建设、公安、人民银行、金融监督管理等相关部门应当向税务机关提供纳税人子女教育、继续教育、大病医疗、住房贷款利息、住房租金、赡养老人等专项附加扣除信息。

个人转让不动产的，税务机关应当根据不动产登记等相关信息核验应缴的个人所得税，登记机构办理转移登记时，应当查验与该不动产转让相关的个人所得税的完税凭证。个人转让股权办理变更登记的，市场主体登记机关应当查验与该股权交易相关的个人所得税的完税凭证。

有关部门依法将纳税人、扣缴义务人遵守本法的情况纳入信用信息系统，并实施联合激励或者惩戒。

第十六条 各项所得的计算，以人民币为单位。所得为人民币以外的货币的，按照人民币汇率中间价折合成人民币缴纳税款。

第十七条 对扣缴义务人按照所扣缴的税款，付给百分之二的手续费。

第十八条 对储蓄存款利息所得开征、减征、停征个人所得税及其具体办法，由国务院规定，并报全国人民代表大会常务委员会备案。

第十九条 纳税人、扣缴义务人和税务机关及其工作人员违反本法规定的，依照《中华人民共和国税收征收管理法》和有关法律法规的规定追究法律责任。

第二十条 个人所得税的征收管理，依照本法和《中华人民共和国税收征收管理法》的规定执行。

第二十一条 国务院根据本法制定实施条例。

第二十二条 本法自公布之日起施行。

个人所得税税率表一（综合所得适用）

级数	全年应纳税所得额	税率（%）
1	不超过 36000 元的	3
2	超过 36000 元至 144000 元的部分	10
3	超过 144000 元至 300000 元的部分	20
4	超过 300000 元至 420000 元的部分	25
5	超过 420000 元至 660000 元的部分	30
6	超过 660000 元至 960000 元的部分	35
7	超过 960000 元的部分	45

（注 1：本表所称全年应纳税所得额是指依照本法第六条的规定，居民个人取得综合所得以每一纳税年度收入额减除费用六万元以及专项扣除、专项附加扣除和依法确定的其他扣除后的余额。

注 2：非居民个人取得工资、薪金所得，劳务报酬所得，稿酬所得和特许权使用费所得，依照本表按月换算后计算应纳税额。）

个人所得税税率表二（经营所得适用）

级数	全年应纳税所得额	税率（%）
1	不超过 30000 元的	5
2	超过 30000 元至 90000 元的部分	10
3	超过 90000 元至 300000 元的部分	20
4	超过 300000 元至 500000 元的部分	30
5	超过 500000 元的部分	35

（注：本表所称全年应纳税所得额是指依照本法第六条的规定，以每一纳税年度的收入总额减除成本、费用以及损失后的余额。）

国家税务总局关于自然人纳税人识别号有关事项的公告

（2018年12月17日　国家税务总局公告2018年第59号）

根据新修改的《中华人民共和国个人所得税法》，为便利纳税人办理涉税业务，现就自然人纳税人识别号有关事项公告如下：

一、自然人纳税人识别号，是自然人纳税人办理各类涉税事项的唯一代码标识。

二、有中国公民身份号码的，以其中国公民身份号码作为纳税人识别号；没有中国公民身份号码的，由税务机关赋予其纳税人识别号。

三、纳税人首次办理涉税事项时，应当向税务机关或者扣缴义务人出示有效身份证件，并报送相关基础信息。

四、税务机关应当在赋予自然人纳税人识别号后告知或者通过扣缴义务人告知纳税人其纳税人识别号，并为自然人纳税人查询本人纳税人识别号提供便利。

五、自然人纳税人办理纳税申报、税款缴纳、申请退税、开具完税凭证、纳税查询等涉税事项时应当向税务机关或扣缴义务人提供纳税人识别号。

六、本公告所称“有效身份证件”，是指：

（一）纳税人为中国公民且持有有效《中华人民共和国居民身份证》（以下简称“居民身份证”）的，为居民身份证。

（二）纳税人为华侨且没有居民身份证的，为有效的《中华人民共和国护照》和华侨身份证明。

（三）纳税人为港澳居民的，为有效的《港澳居民来往内地通行证》或《中华人民共和国港澳居民居住证》。

（四）纳税人为台湾居民的，为有效的《台湾居民来往大陆通行证》或《中华人民共和国台湾居民居住证》。

（五）纳税人为持有有效《中华人民共和国外国人永久居留身份证》（以下简称永久居留证）的外籍个人的，为永久居留证和外国护照；未持有永久居留证但持有有效《中华人民共和国外国人工作许可证》（以下简称工作许可证）的，为工作许可证和外国护照；其他外籍个人，为有效的外国护照。

本公告自2019年1月1日起施行。

特此公告。

国家税务总局关于将个人所得税《税收完税证明》（文书式）调整为《纳税记录》有关事项的公告

（2018 年 12 月 5 日　国家税务总局公告 2018 年第 55 号）

为配合个人所得税制度改革，进一步落实国务院减证便民要求，优化纳税服务，国家税务总局决定将个人所得税《税收完税证明》（文书式）调整为《纳税记录》。现将有关事项公告如下：

一、从 2019 年 1 月 1 日起，纳税人申请开具税款所属期为 2019 年 1 月 1 日（含）以后的个人所得税缴（退）税情况证明的，税务机关不再开具《税收完税证明》（文书式），调整为开具《纳税记录》（具体内容及式样见附件）；纳税人申请开具税款所属期为 2018 年 12 月 31 日（含）以前个人所得税缴（退）税情况证明的，税务机关继续开具《税收完税证明》（文书式）。

二、纳税人 2019 年 1 月 1 日以后取得应税所得并由扣缴义务人向税务机关办理了全员全额扣缴申报，或根据税法规定自行向税务机关办理纳税申报的，不论是否实际缴纳税款，均可以申请开具《纳税记录》。

三、纳税人可以通过电子税务局、手机 APP 申请开具本人的个人所得税《纳税记录》，也可到办税服务厅申请开具。

四、纳税人可以委托他人持下列证件和资料到办税服务厅代为开具个人所得税《纳税记录》：

（一）委托人及受托人有效身份证件原件；

（二）委托人书面授权资料。

五、纳税人对个人所得税《纳税记录》存在异议的，可以向该项记录中列明的税务机关申请核实。

六、税务机关提供个人所得税《纳税记录》的验证服务，支持通过电子税务局、手机 APP 等方式进行验证。具体验证方法见个人所得税《纳税记录》中的相关说明。

七、本公告自 2019 年 1 月 1 日起施行。

特此公告。

附件：个人所得税纳税记录（略）

中华人民共和国
个人所得税法实施条例

（1994 年 1 月 28 日中华人民共和国国务院令第 142 号发布　根据 2005 年 12 月 19 日《国务院关于修改〈中华人民共和国个人所得税法实施条例〉的决定》第一次修订　根据 2008 年 2 月 18 日《国务院关于修改〈中华人民共和国个人所得税法实施条例〉的决定》第二次修订　根据 2011 年 7 月 19 日《国务院关于修改〈中华人民共和国个人所得税法实施条例〉的决定》第三次修订　2018 年 12 月 18 日中华人民共和国国务院令第 707 号第四次修订）

第一条　根据《中华人民共和国个人所得税法》（以下简称个人所得税法），制定本条例。

第二条　个人所得税法所称在中国境内有住所，是指因户籍、家庭、经济利益关系而在中国境内习惯性居住；所称从中国境内和境外取得的所得，分别是指来源于中国境内的所得和来源于中国境外的所得。

第三条　除国务院财政、税务主管部门另有规定外，下列所得，不论支付地点是否在中国境内，均为来源于中国境内的所得：

（一）因任职、受雇、履约等在中国境内提供劳务取得的所得；

（二）将财产出租给承租人在中国境内使用而取得的所得；

（三）许可各种特许权在中国境内使用而取得的所得；

（四）转让中国境内的不动产等财产或者在中国境内转让其他财产取得的所得；

（五）从中国境内企业、事业单位、其他组织以及居民个人取得的利息、股息、红利所得。

第四条 在中国境内无住所的个人，在中国境内居住累计满183天的年度连续不满六年的，经向主管税务机关备案，其来源于中国境外且由境外单位或者个人支付的所得，免予缴纳个人所得税；在中国境内居住累计满183天的任一年度中有一次离境超过30天的，其在中国境内居住累计满183天的年度的连续年限重新起算。

第五条 在中国境内无住所的个人，在一个纳税年度内在中国境内居住累计不超过90天的，其来源于中国境内的所得，由境外雇主支付并且不由该雇主在中国境内的机构、场所负担的部分，免予缴纳个人所得税。

第六条 个人所得税法规定的各项个人所得的范围：

（一）工资、薪金所得，是指个人因任职或者受雇取得的工资、薪金、奖金、年终加薪、劳动分红、津贴、补贴以及与任职或者受雇有关的其他所得。

（二）劳务报酬所得，是指个人从事劳务取得的所得，包括从事设计、装潢、安装、制图、化验、测试、医疗、法律、会计、咨询、讲学、翻译、审稿、书画、雕刻、影视、录音、录像、演出、表演、广告、展览、技术服务、介绍服务、经纪服务、代办服务以及其他劳务取得的所得。

（三）稿酬所得，是指个人因其作品以图书、报刊等形式出版、发表而取得的所得。

（四）特许权使用费所得，是指个人提供专利权、商标权、著作权、非专利技术以及其他特许权的使用权取得的所得；提供著作权的使用权取得的所得，不包括稿酬所得。

（五）经营所得，是指：

1. 个体工商户从事生产、经营活动取得的所得，个人独资企业投资人、合伙企业的个人合伙人来源于境内注册的个人独资企业、合伙企业生产、经营的所得；

2. 个人依法从事办学、医疗、咨询以及其他有偿服务活动取得的所得；

3. 个人对企业、事业单位承包经营、承租经营以及转包、转租取得的所得；

4. 个人从事其他生产、经营活动取得的所得。

（六）利息、股息、红利所得，是指个人拥有债权、股权等而取得的利息、股息、红利所得。

（七）财产租赁所得，是指个人出租不动产、机器设备、车船以及其他财产取得的所得。

（八）财产转让所得，是指个人转让有价证券、股权、合伙企业中的财产份额、不动产、机器设备、车船以及其他财产取得的所得。

（九）偶然所得，是指个人得奖、中奖、中彩以及其他偶然性质的所得。

个人取得的所得，难以界定应纳税所得项目的，由国务院税务主管部门确定。

第七条 对股票转让所得征收个人所得税的办法，由国务院另行规定，并报全国人民代表大会常务委员会备案。

第八条 个人所得的形式，包括现金、实物、有价证券和其他形式的经济利益；所得为实物的，应当按照取得的凭证上所注明的价格计算应纳税所得额，无凭证的实物或者凭证上所注明的价格明显偏低的，参照市场价格核定应纳税所得额；所得为有价证券的，根据票面价格和市场价格核定应纳税所得额；所得为其他形式的经济利益的，参照市场价格核定应纳税所得额。

第九条 个人所得税法第四条第一款第二项所称国债利息，是指个人持有中华人民共和国财政部发行的债券而取得的利息；所称国家发行的金融债券利息，是指个人持有经国务院批准发行的金融债券而取得的利息。

第十条 个人所得税法第四条第一款第三项所称按照国家统一规定发给的补贴、津贴，是指按照国务院规定发给的政府特殊津贴、院士津贴，以及国务院规定免予缴纳个人所得税的其他补贴、津贴。

第十一条 个人所得税法第四条第一款第四项所称福利费，是指根据国家有关规定，从企业、事业单位、国家机关、社会组织提留的福利费或者工会经费中支付给个人的生活补助费；所称救济金，是指各级人民政府民政部门支付给个人的生活困难补助费。

第十二条 个人所得税法第四条第一款第八项所称依照有关法律规定应予免税的各国驻华使馆、领事馆的外交代表、领事官员和其他人员的所得，是指依照《中华人民共和国外交特权与豁免条例》和《中华人民共和国领事特权与豁免条例》规定免税的所得。

第十三条 个人所得税法第六条第一款第一项所称依法确定的其他扣除，包括个人缴付符合国家规定的企业年金、职业年金，个人购买符合国家规定的商业健康保险、税收递延型商业养老保险的支出，以及国务院规定可以扣除的其他项目。

专项扣除、专项附加扣除和依法确定的其他扣除，以居民个人一个纳税年度的应纳税所得额为限额；一个纳税年度扣除不完的，不结转以后年度扣除。

第十四条 个人所得税法第六条第一款第二项、第四项、第六项所称每次，分别按照下列方法确定：

（一）劳务报酬所得、稿酬所得、特许权使用费所得，属于一次性收入的，以取得该项收入为一次；属于同一项目连续性收入的，以一个月内取得的收入为一次。

（二）财产租赁所得，以一个月内取得的收入为一次。

（三）利息、股息、红利所得，以支付利息、股息、红利时取得的收入为一次。

（四）偶然所得，以每次取得该项收入为一次。

第十五条 个人所得税法第六条第一款第三项所称成本、费用，是指生产、经营活动中发生的各项直接支出和分配计入成本的间接费用以及销售费用、管理费用、财务费用；所称损失，是指生产、经营活动中发生的固定资产和存货的盘亏、毁损、报废损失，转让财产损失，坏账损失，自然灾害等不可抗力因素造成的损失以及其他损失。

取得经营所得的个人，没有综合所得的，计算其每一纳税年度的应纳税所得额时，应当减除费用6万元、专项扣除、专项附加扣除以及依法确定的其他扣除。专项附加扣除在办理汇算清缴时减除。

从事生产、经营活动，未提供完整、准确的纳税资料，不能正确计算应纳税所得额的，由主管税务机关核定应纳税所得额或者应纳税额。

第十六条 个人所得税法第六条第一款第五项规定的财产原值，按照下列方法确定：

（一）有价证券，为买入价以及买入时按照规定交纳的有关费用；

（二）建筑物，为建造费或者购进价格以及其他有关费用；

（三）土地使用权，为取得土地使用权所支付的金额、开发土地的费用以及其他有关费用；

（四）机器设备、车船，为购进价格、运输费、安装费以及其他有关费用。

其他财产，参照前款规定的方法确定财产原值。

纳税人未提供完整、准确的财产原值凭证，不能按照本条第一款规定的方法确定财产原值的，由主管税务机关核定财产原值。

个人所得税法第六条第一款第五项所称合理费用，是指卖出财产时按照规定支付的有关税费。

第十七条 财产转让所得，按照一次转让财产的收入额减除财产原值和合理费用后的余额计算纳税。

第十八条 两个以上的个人共同取得同一项目收入的，应当对每个人取得的收入分别按照个人所得税法的规定计算纳税。

第十九条 个人所得税法第六条第三款所称个人将其所得对教育、扶贫、济困等公益慈善事业进行捐赠，是指个人将其所得通过中国境内的公益性社会组织、国家机关向教育、扶贫、济困等公益慈善事业的捐赠；所称应纳税所得额，是指计算扣除捐赠额之前的应纳税所得额。

第二十条 居民个人从中国境内和境外取得的综合所得、经营所得，应当分别合并计算应纳税额；从中国境内和境外取得的其他所得，应当分别单独计算应纳税额。

第二十一条 个人所得税法第七条所称已在境外缴纳的个人所得税税额，是指居民个人来源于中国境外的所得，依照该所得来源国家（地区）的法律应当缴纳并且实际已经缴纳的所得税税额。

个人所得税法第七条所称纳税人境外所得依照本法规定计算的应纳税额，是居民个人抵免已在境外缴纳的综合所得、经营所得以及其他所得的所得税税额的限额（以下简称抵免限额）。除国务院财政、税务主管部门另有规定外，来源于中国境外一个国家（地区）的综合所得抵免限额、经营所得抵免限额以及其他所得抵免限额之和，为来源于该国家（地区）所得的抵免限额。

居民个人在中国境外一个国家（地区）实际已经缴纳的个人所得税税额，低于依照前款规定计算出的来源于该国家（地区）所得的抵免限额的，应当在中国缴纳差额部分的税款；超过来源于该国家（地区）所得的抵免限额的，其超过部分不得在本纳税年度的应纳税额中抵免，但是可以在以后纳税年度来源于该国家（地区）所得的抵免限额的余额中补扣。补扣期限最长不得超过五年。

第二十二条 居民个人申请抵免已在境外缴纳的个人所得税税额，应当提供境外税务机关出具的税款所属年度的有关纳税凭证。

第二十三条 个人所得税法第八条第二款规定的利息，应当按照税款所属纳税申报期最后一日中国人民银行公布的与补税期间同期的人民币贷款基准利率计算，自税款纳税申报期满次日起至补缴税款期限届满之日止按日加收。纳税人在补缴税款期限届满前补缴税款的，利息加收至补缴税款之日。

第二十四条 扣缴义务人向个人支付应税款项时，应当依照个人所得税法规定预扣或者代扣税款，按时缴库，并专项记载备查。

前款所称支付，包括现金支付、汇拨支付、转账支付和以有价证券、实物以及其他形式的支付。

第二十五条 取得综合所得需要办理汇算清缴的情形包括：

（一）从两处以上取得综合所得，且综合所得年收入额减除专项扣除的余额超过6万元；

（二）取得劳务报酬所得、稿酬所得、特许权使用费所得中一项或者多项所得，且综合所得年收入额减除专项扣除的余额超过6万元；

（三）纳税年度内预缴税额低于应纳税额；

（四）纳税人申请退税。

纳税人申请退税，应当提供其在中国境内开设的银行账户，并在汇算清缴地就地办理税款退库。

汇算清缴的具体办法由国务院税务主管部门制定。

第二十六条 个人所得税法第十条第二款所称全员全额扣缴申报，是指扣缴义务人在代扣税款的次月十五日内，向主管税务机关报送其支付所得的所有个人的有关信息、支付所得数额、扣除事项和数额、扣缴税款的具体数额和总额以及其他相关涉税信息资料。

第二十七条 纳税人办理纳税申报的地点以及其他有关事项的具体办法，由国务院税务主管部门制定。

第二十八条 居民个人取得工资、薪金所得时，可以向扣缴义务人提供专项附加扣除有关信息，由扣缴义务人扣缴税款时减除专项附加扣除。纳税人同时从两处以上取得工资、薪金所得，并由扣缴义务人减除专项附加扣除的，对同一专项附加扣除项目，在一个纳税年度内只能选择从一处取得的所得中减除。

居民个人取得劳务报酬所得、稿酬所得、特许权使用费所得，应当在汇算清缴时向税务机关提供有关信息，减除专项附加扣除。

第二十九条 纳税人可以委托扣缴义务人或者其他单位和个人办理汇算清缴。

第三十条 扣缴义务人应当按照纳税人提供的信息计算办理扣缴申报，不得擅自更改纳税人提供的信息。

纳税人发现扣缴义务人提供或者扣缴申报的个人信息、所得、扣缴税款等与实际情况不符的，有权要求扣缴义务人修改。扣缴义务人拒绝修改的，纳税人应当报告税务机关，税务机关应当及时处理。

纳税人、扣缴义务人应当按照规定保存与专项附加扣除相关的资料。税务机关可以对纳税人提供的专项附加扣除信息进行抽查，具体办法由国务院税务主管部门另行规定。税务机关发现纳税人提供虚假信息的，应当责令改正并通知扣缴义务人；情节严重的，有关部门应当依法予以处理，纳入信用信息系统并实施联合惩戒。

第三十一条 纳税人申请退税时提供的汇算清缴信息有错误的，税务机关应当告知其更正；纳税人更正的，税务机关应当及时办理退税。

扣缴义务人未将扣缴的税款解缴入库的，不影响纳税人按照规定申请退税，税务机关应当凭纳税人提供的有关资料办理退税。

第三十二条 所得为人民币以外货币的，按照办理纳税申报或者扣缴申报的上一月最后一日人民币汇率中间价，折合成人民币计算应纳税所得额。年度终了后办理汇算清缴的，对已经按月、按季或者按次预缴税款的人民币以外货币所得，不再重新折算；对应当补缴税款的所得部分，按照上一纳税年度最后一日人民币汇率中间价，折合成人民币计算应纳税所得额。

第三十三条 税务机关按照个人所得税法第十七条的规定付给扣缴义务人手续费，应当填开退还书；扣缴义务人凭退还书，按照国库管理有关规定办理退库手续。

第三十四条 个人所得税纳税申报表、扣缴个人所得税报告表和个人所得税完税凭证式样，由国务院税务主管部门统一制定。

第三十五条 军队人员个人所得税征收事宜，按照有关规定执行。

第三十六条 本条例自2019年1月1日起施行。

中华人民共和国税收征收管理法

（1992年9月4日第七届全国人民代表大会常务委员会第二十七次会议通过　根据1995年2月28日第八届全国人民代表大会常务委员会第十二次会议《关于修改〈中华人民共和国税收征收管理法〉的决定》第一次修正　2001年4月28日第九届全国人民代表大会常务委员会第二十一次会议修订　根据2013年6月29日第十二届全国人民代表大会常务委员会第三次会议《关于修改〈中华人民共和国文物保护法〉等十二部法律的决定》第二次修正　根据2015年4月24日第十二届全国人民代表大会常务委员会第十四次会议《关于修改〈中华人民共和国港口法〉等七部法律的决定》第三次修正）

第一章　总　　则

第一条　为了加强税收征收管理，规范税收征收和缴纳行为，保障国家税收收入，保护纳税人的合法权益，促进经济和社会发展，制定本法。

第二条　凡依法由税务机关征收的各种税收的征收管理，均适用本法。

第三条　税收的开征、停征以及减税、免税、退税、补税，依照法律的规定执行；法律授权国务院规定的，依照国务院制定的行政法规的规定执行。

任何机关、单位和个人不得违反法律、行政法规的规定，擅自作出税收开征、停征以及减税、免税、退税、补税和其他同税收法律、行政法规相抵触的决定。

第四条 法律、行政法规规定负有纳税义务的单位和个人为纳税人。

法律、行政法规规定负有代扣代缴、代收代缴税款义务的单位和个人为扣缴义务人。

纳税人、扣缴义务人必须依照法律、行政法规的规定缴纳税款、代扣代缴、代收代缴税款。

第五条 国务院税务主管部门主管全国税收征收管理工作。各地国家税务局和地方税务局应当按照国务院规定的税收征收管理范围分别进行征收管理。

地方各级人民政府应当依法加强对本行政区域内税收征收管理工作的领导或者协调，支持税务机关依法执行职务，依照法定税率计算税额，依法征收税款。

各有关部门和单位应当支持、协助税务机关依法执行职务。

税务机关依法执行职务，任何单位和个人不得阻挠。

第六条 国家有计划地用现代信息技术装备各级税务机关，加强税收征收管理信息系统的现代化建设，建立、健全税务机关与政府其他管理机关的信息共享制度。

纳税人、扣缴义务人和其他有关单位应当按照国家有关规定如实向税务机关提供与纳税和代扣代缴、代收代缴税款有关的信息。

第七条 税务机关应当广泛宣传税收法律、行政法规，普及纳税知识，无偿地为纳税人提供纳税咨询服务。

第八条 纳税人、扣缴义务人有权向税务机关了解国家税收法律、行政法规的规定以及与纳税程序有关的情况。

纳税人、扣缴义务人有权要求税务机关为纳税人、扣缴义务人的情况保密。税务机关应当依法为纳税人、扣缴义务人的情况保密。

纳税人依法享有申请减税、免税、退税的权利。

纳税人、扣缴义务人对税务机关所作出的决定，享有陈述权、申辩权；依法享有申请行政复议、提起行政诉讼、请求国家赔偿等权利。

纳税人、扣缴义务人有权控告和检举税务机关、税务人员的违法违纪行为。

第九条 税务机关应当加强队伍建设，提高税务人员的政治业务素质。

税务机关、税务人员必须秉公执法，忠于职守，清正廉洁，礼貌待人，文明服务，尊重和保护纳税人、扣缴义务人的权利，依法接受监督。

税务人员不得索贿受贿、徇私舞弊、玩忽职守、不征或者少征应征税款；不得滥用职权多征税款或者故意刁难纳税人和扣缴义务人。

第十条 各级税务机关应当建立、健全内部制约和监督管理制度。

上级税务机关应当对下级税务机关的执法活动依法进行监督。

各级税务机关应当对其工作人员执行法律、行政法规和廉洁自律准则的情况进行监督检查。

第十一条 税务机关负责征收、管理、稽查、行政复议的人员的职责应当明确，并相互分离、相互制约。

第十二条 税务人员征收税款和查处税收违法案件，与纳税人、扣缴义务人或者税收违法案件有利害关系的，应当回避。

第十三条 任何单位和个人都有权检举违反税收法律、行政法规的行为。收到检举的机关和负责查处的机关应当为检举人保密。税务机关应当按照规定对检举人给予奖励。

第十四条 本法所称税务机关是指各级税务局、税务分局、税务所和按照国务院规定设立的并向社会公告的税务机构。

第二章 税务管理

第一节 税务登记

第十五条 企业，企业在外地设立的分支机构和从事生产、经营的场所，个体工商户和从事生产、经营的事业单位（以下统称从事生产、经营的纳税人）自领取营业执照之日起三十日内，持有关证件，向税务机关申报办理税务登记。税务机关应当于收到申报的当日办理登记并发给税务登记证件。

工商行政管理机关应当将办理登记注册、核发营业执照的情况，定期向税务机关通报。

本条第一款规定以外的纳税人办理税务登记和扣缴义务人办理扣缴税款登记的范围和办法，由国务院规定。

第十六条 从事生产、经营的纳税人，税务登记内容发生变化的，自工商行政管理机关办理变更登记之日起三十日内或者在向工商行政管理机关申请办理注销登记之前，持有关证件向税务机关申报办理变更或者注销税务登记。

第十七条 从事生产、经营的纳税人应当按照国家有关规定，持税务登记证件，在银行或者其他金融机构开立基本存款账户和其他存款账户，并将其全部账号向税务机关报告。

银行和其他金融机构应当在从事生产、经营的纳税人的账户中登录税务登记证件号码，并在税务登记证件中登录从事生产、经营的纳税人的账户账号。

税务机关依法查询从事生产、经营的纳税人开立账户的情况时，有关银行和其他金融机构应当予以协助。

第十八条 纳税人按照国务院税务主管部门的规定使用税务登记证件。税务登记证件不得转借、涂改、损毁、买卖或者伪造。

第二节 账簿、凭证管理

第十九条 纳税人、扣缴义务人按照有关法律、行政法规和国务院财政、税务主管部门的规定设置账簿，根据合法、有效凭证记账，进行核算。

第二十条 从事生产、经营的纳税人的财务、会计制度或者财务、会计处理办法和会计核算软件，应当报送税务机关备案。

纳税人、扣缴义务人的财务、会计制度或者财务、会计处理办法与国务院或者国务院财政、税务主管部门有关税收的规定抵触的，依照国务院或者国务院财政、税务主管部门有关税收的规定计算应纳税款、代扣代缴和代收代缴税款。

第二十一条 税务机关是发票的主管机关，负责发票印制、领购、开具、取得、保管、缴销的管理和监督。

单位、个人在购销商品、提供或者接受经营服务以及从事其他经营活动中，应当按照规定开具、使用、取得发票。

发票的管理办法由国务院规定。

第二十二条 增值税专用发票由国务院税务主管部门指定的企业印制；其他发票，按照国务院税务主管部门的规定，分别由省、自治区、直辖市国家税务局、地方税务局指定企业印制。

未经前款规定的税务机关指定，不得印制发票。

第二十三条 国家根据税收征收管理的需要，积极推广使用税控装置。纳税人应当按照规定安装、使用税控装置，不得损毁或者擅自改动税控装置。

第二十四条 从事生产、经营的纳税人、扣缴义务人必须按照国务院财政、税务主管部门规定的保管期限保管账簿、记账凭证、完税凭证及其他有关资料。

账簿、记账凭证、完税凭证及其他有关资料不得伪造、变造或者擅自损毁。

第三节　纳 税 申 报

第二十五条 纳税人必须依照法律、行政法规规定或者税务机关依照法律、行政法规的规定确定的申报期限、申报内容如实办理纳税申报，报送纳税申报表、财务会计报表以及税务机关根据实际需要要求纳税人报送的其他纳税资料。

扣缴义务人必须依照法律、行政法规规定或者税务机关依照法律、行政法规的规定确定的申报期限、申报内容如实报送代扣代缴、代收代缴税款报告表以及税务机关根据实际需要要求扣缴义务人报送的其他有关资料。

第二十六条 纳税人、扣缴义务人可以直接到税务机关办理纳税申报或者报送代扣代缴、代收代缴税款报告表，也可以按照规定采取邮寄、数据电文或者其他方式办理上述申报、报送事项。

第二十七条 纳税人、扣缴义务人不能按期办理纳税申报或者报送代扣代缴、代收代缴税款报告表的，经税务机关核准，可以延期申报。

经核准延期办理前款规定的申报、报送事项的，应当在纳税期内按照上期实际缴纳的税额或者税务机关核定的税额预缴税款，并在核准的延期内办理税款结算。

第三章 税款征收

第二十八条 税务机关依照法律、行政法规的规定征收税款，不得违反法律、行政法规的规定开征、停征、多征、少征、提前征收、延缓征收或者摊派税款。

农业税应纳税额按照法律、行政法规的规定核定。

第二十九条 除税务机关、税务人员以及经税务机关依照法律、行政法规委托的单位和人员外，任何单位和个人不得进行税款征收活动。

第三十条 扣缴义务人依照法律、行政法规的规定履行代扣、代收税款的义务。对法律、行政法规没有规定负有代扣、代收税款义务的单位和个人，税务机关不得要求其履行代扣、代收税款义务。

扣缴义务人依法履行代扣、代收税款义务时，纳税人不得拒绝。纳税人拒绝的，扣缴义务人应当及时报告税务机关处理。

税务机关按照规定付给扣缴义务人代扣、代收手续费。

第三十一条 纳税人、扣缴义务人按照法律、行政法规规定或者税务机关依照法律、行政法规的规定确定的期限，缴纳或者解缴税款。

纳税人因有特殊困难，不能按期缴纳税款的，经省、自治区、直辖市国家税务局、地方税务局批准，可以延期缴纳税款，但是最长不得超过三个月。

第三十二条 纳税人未按照规定期限缴纳税款的，扣缴义务人未按照规定期限解缴税款的，税务机关除责令限期缴纳外，从滞纳税款之日起，按日加收滞纳税款万分之五的滞纳金。

第三十三条 纳税人依照法律、行政法规的规定办理减税、免税。

地方各级人民政府、各级人民政府主管部门、单位和个人违反法律、行政法规规定，擅自作出的减税、免税决定无效，税务机关不得执行，并向上级税务机关报告。

第三十四条 税务机关征收税款时，必须给纳税人开具完税凭证。扣缴义务人代扣、代收税款时，纳税人要求扣缴义务人开具代扣、代收税款凭证的，扣缴义务人应当开具。

第三十五条 纳税人有下列情形之一的，税务机关有权核定其应纳税额：

（一）依照法律、行政法规的规定可以不设置账簿的；

（二）依照法律、行政法规的规定应当设置账簿但未设置的；

（三）擅自销毁账簿或者拒不提供纳税资料的；

（四）虽设置账簿，但账目混乱或者成本资料、收入凭证、费用凭证残缺不全，难以查账的；

（五）发生纳税义务，未按照规定的期限办理纳税申报，经税务机关责令限期申报，逾期仍不申报的；

（六）纳税人申报的计税依据明显偏低，又无正当理由的。

税务机关核定应纳税额的具体程序和方法由国务院税务主管部门规定。

第三十六条 企业或者外国企业在中国境内设立的从事生产、经营的机构、场所与其关联企业之间的业务往来，应当按照独立企业之间的业务往来收取或者支付价款、费用；不按照独立企业之间的业务往来收取或者支付价款、费用，而减少其应纳税的收入或者所得额的，税务机关有权进行合理调整。

第三十七条 对未按照规定办理税务登记的从事生产、经营的纳税人以及临时从事经营的纳税人，由税务机关核定其应纳税额，责令缴纳；不缴纳的，税务机关可以扣押其价值相当于应纳税款的商品、货物。扣押后缴纳应纳税款的，税务机关必须立即解除扣押，并归还所扣押的商品、货物；扣押后仍不缴纳应纳税款的，经县以上税务局（分局）局长批准，依法拍卖或者变卖所扣押的商品、货物，以拍卖或者变卖所得抵缴税款。

第三十八条 税务机关有根据认为从事生产、经营的纳税人有逃避纳税义务行为的，可以在规定的纳税期之前，责令限期缴纳应纳税款；在限期内发现纳税人有明显的转移、隐匿其应纳税的商品、货物以及其他财产或者应纳税的收入的迹象的，税务机关可以责成纳税人提供纳税担保。如果纳税人不能提供纳税担保，经县以上税务局（分局）局长批准，税务机关可以采取下列税收保全措施：

（一）书面通知纳税人开户银行或者其他金融机构冻结纳税人的金额相当于应纳税款的存款；

（二）扣押、查封纳税人的价值相当于应纳税款的商品、货物或者其他财产。

纳税人在前款规定的限期内缴纳税款的，税务机关必须立即解除税收保全措施；限期期满仍未缴纳税款的，经县以上税务局（分局）局长批准，税务机关可以书面通知纳税人开户银行或者其他金融机构从其冻结的存款中扣缴税款，或者依法拍卖或者变卖所扣押、查封的商品、货物或者其他财产，以拍卖或者变卖所得抵缴税款。

个人及其所扶养家属维持生活必需的住房和用品，不在税收保全措施的范围之内。

第三十九条 纳税人在限期内已缴纳税款，税务机关未立即解除税收保全措施，使纳税人的合法利益遭受损失的，税务机关应当承担赔偿责任。

第四十条 从事生产、经营的纳税人、扣缴义务人未按照规定的期限缴纳或者解缴税款，纳税担保人未按照规定的期限缴纳所担保的税款，由税务机关责令限期缴纳，逾期仍未缴纳的，经县以上税务局（分局）局长批准，税务机关可以采取下列强制执行措施：

（一）书面通知其开户银行或者其他金融机构从其存款中扣缴税款；

（二）扣押、查封、依法拍卖或者变卖其价值相当于应纳税款的商品、货物或者其他财产，以拍卖或者变卖所得抵缴税款。

税务机关采取强制执行措施时，对前款所列纳税人、扣缴义务人、纳税担保人未缴纳的滞纳金同时强制执行。

个人及其所扶养家属维持生活必需的住房和用品，不在强制执行措施的范围之内。

第四十一条 本法第三十七条、第三十八条、第四十条规定的采取税收保全措施、强制执行措施的权力，不得由法定的税务机关以外的单位和个人行使。

第四十二条 税务机关采取税收保全措施和强制执行措施必须依照法定权限和法定程序，不得查封、扣押纳税人个人及其所扶养家属维持生活必需的住房和用品。

第四十三条 税务机关滥用职权违法采取税收保全措施、强制执行措施，或者采取税收保全措施、强制执行措施不当，使纳税人、扣缴义务人或者纳税担保人的合法权益遭受损失的，应当依法承担赔偿责任。

第四十四条 欠缴税款的纳税人或者他的法定代表人需要出境的，应当在出境前向税务机关结清应纳税款、滞纳金或者提供担保。未结清税款、滞纳金，又不提供担保的，税务机关可以通知出境管理机关阻止其出境。

第四十五条 税务机关征收税款，税收优先于无担保债权，法律另有规定的除外；纳税人欠缴的税款发生在纳税人以其财产设定抵押、质押或者纳税人的财产被留置之前的，税收应当先于抵押权、质权、留置权执行。

纳税人欠缴税款，同时又被行政机关决定处以罚款、没收违法所得的，税收优先于罚款、没收违法所得。

税务机关应当对纳税人欠缴税款的情况定期予以公告。

第四十六条　纳税人有欠税情形而以其财产设定抵押、质押的，应当向抵押权人、质权人说明其欠税情况。抵押权人、质权人可以请求税务机关提供有关的欠税情况。

第四十七条　税务机关扣押商品、货物或者其他财产时，必须开付收据；查封商品、货物或者其他财产时，必须开付清单。

第四十八条　纳税人有合并、分立情形的，应当向税务机关报告，并依法缴清税款。纳税人合并时未缴清税款的，应当由合并后的纳税人继续履行未履行的纳税义务；纳税人分立时未缴清税款的，分立后的纳税人对未履行的纳税义务应当承担连带责任。

第四十九条　欠缴税款数额较大的纳税人在处分其不动产或者大额资产之前，应当向税务机关报告。

第五十条　欠缴税款的纳税人因怠于行使到期债权，或者放弃到期债权，或者无偿转让财产，或者以明显不合理的低价转让财产而受让人知道该情形，对国家税收造成损害的，税务机关可以依照合同法第七十三条、第七十四条的规定行使代位权、撤销权。

税务机关依照前款规定行使代位权、撤销权的，不免除欠缴税款的纳税人尚未履行的纳税义务和应承担的法律责任。

第五十一条　纳税人超过应纳税额缴纳的税款，税务机关发现后应当立即退还；纳税人自结算缴纳税款之日起三年内发现的，可以向税务机关要求退还多缴的税款并加算银行同期存款利息，税务机关及时查实后应当立即退还；涉及从国库中退库的，依照法律、行政法规有关国库管理的规定退还。

第五十二条 因税务机关的责任，致使纳税人、扣缴义务人未缴或者少缴税款的，税务机关在三年内可以要求纳税人、扣缴义务人补缴税款，但是不得加收滞纳金。

因纳税人、扣缴义务人计算错误等失误，未缴或者少缴税款的，税务机关在三年内可以追征税款、滞纳金；有特殊情况的，追征期可以延长到五年。

对偷税、抗税、骗税的，税务机关追征其未缴或者少缴的税款、滞纳金或者所骗取的税款，不受前款规定期限的限制。

第五十三条 国家税务局和地方税务局应当按照国家规定的税收征收管理范围和税款入库预算级次，将征收的税款缴入国库。

对审计机关、财政机关依法查出的税收违法行为，税务机关应当根据有关机关的决定、意见书，依法将应收的税款、滞纳金按照税款入库预算级次缴入国库，并将结果及时回复有关机关。

第四章 税务检查

第五十四条 税务机关有权进行下列税务检查：

（一）检查纳税人的账簿、记账凭证、报表和有关资料，检查扣缴义务人代扣代缴、代收代缴税款账簿、记账凭证和有关资料；

（二）到纳税人的生产、经营场所和货物存放地检查纳税人应纳税的商品、货物或者其他财产，检查扣缴义务人与代扣代缴、代收代缴税款有关的经营情况；

（三）责成纳税人、扣缴义务人提供与纳税或者代扣代缴、代收代缴税款有关的文件、证明材料和有关资料；

（四）询问纳税人、扣缴义务人与纳税或者代扣代缴、代收代缴税款有关的问题和情况；

（五）到车站、码头、机场、邮政企业及其分支机构检查纳税人托运、邮寄应纳税商品、货物或者其他财产的有关单据、凭证和有关资料；

（六）经县以上税务局（分局）局长批准，凭全国统一格式的检查存款账户许可证明，查询从事生产、经营的纳税人、扣缴义务人在银行或者其他金融机构的存款账户。税务机关在调查税收违法案件时，经设区的市、自治州以上税务局（分局）局长批准，可以查询案件涉嫌人员的储蓄存款。税务机关查询所获得的资料，不得用于税收以外的用途。

第五十五条 税务机关对从事生产、经营的纳税人以前纳税期的纳税情况依法进行税务检查时，发现纳税人有逃避纳税义务行为，并有明显的转移、隐匿其应纳税的商品、货物以及其他财产或者应纳税的收入的迹象的，可以按照本法规定的批准权限采取税收保全措施或者强制执行措施。

第五十六条 纳税人、扣缴义务人必须接受税务机关依法进行的税务检查，如实反映情况，提供有关资料，不得拒绝、隐瞒。

第五十七条 税务机关依法进行税务检查时，有权向有关单位和个人调查纳税人、扣缴义务人和其他当事人与纳税或者代扣代缴、代收代缴税款有关的情况，有关单位和个人有义务向税务机关如实提供有关资料及证明材料。

第五十八条　税务机关调查税务违法案件时，对与案件有关的情况和资料，可以记录、录音、录像、照相和复制。

第五十九条　税务机关派出的人员进行税务检查时，应当出示税务检查证和税务检查通知书，并有责任为被检查人保守秘密；未出示税务检查证和税务检查通知书的，被检查人有权拒绝检查。

第五章　法律责任

第六十条　纳税人有下列行为之一的，由税务机关责令限期改正，可以处二千元以下的罚款；情节严重的，处二千元以上一万元以下的罚款：

（一）未按照规定的期限申报办理税务登记、变更或者注销登记的；

（二）未按照规定设置、保管账簿或者保管记账凭证和有关资料的；

（三）未按照规定将财务、会计制度或者财务、会计处理办法和会计核算软件报送税务机关备查的；

（四）未按照规定将其全部银行账号向税务机关报告的；

（五）未按照规定安装、使用税控装置，或者损毁或者擅自改动税控装置的。

纳税人不办理税务登记的，由税务机关责令限期改正；逾期不改正的，经税务机关提请，由工商行政管理机关吊销其营业执照。

纳税人未按照规定使用税务登记证件，或者转借、涂改、损毁、买卖、伪造税务登记证件的，处二千元以上一万元以下的罚款；情节严重的，处一万元以上五万元以下的罚款。

第六十一条 扣缴义务人未按照规定设置、保管代扣代缴、代收代缴税款账簿或者保管代扣代缴、代收代缴税款记账凭证及有关资料的，由税务机关责令限期改正，可以处二千元以下的罚款；情节严重的，处二千元以上五千元以下的罚款。

第六十二条 纳税人未按照规定的期限办理纳税申报和报送纳税资料的，或者扣缴义务人未按照规定的期限向税务机关报送代扣代缴、代收代缴税款报告表和有关资料的，由税务机关责令限期改正，可以处二千元以下的罚款；情节严重的，可以处二千元以上一万元以下的罚款。

第六十三条 纳税人伪造、变造、隐匿、擅自销毁账簿、记账凭证，或者在账簿上多列支出或者不列、少列收入，或者经税务机关通知申报而拒不申报或者进行虚假的纳税申报，不缴或者少缴应纳税款的，是偷税。对纳税人偷税的，由税务机关追缴其不缴或者少缴的税款、滞纳金，并处不缴或者少缴的税款百分之五十以上五倍以下的罚款；构成犯罪的，依法追究刑事责任。

扣缴义务人采取前款所列手段，不缴或者少缴已扣、已收税款，由税务机关追缴其不缴或者少缴的税款、滞纳金，并处不缴或者少缴的税款百分之五十以上五倍以下的罚款；构成犯罪的，依法追究刑事责任。

第六十四条 纳税人、扣缴义务人编造虚假计税依据的，由税务机关责令限期改正，并处五万元以下的罚款。

纳税人不进行纳税申报，不缴或者少缴应纳税款的，由税务机关追缴其不缴或者少缴的税款、滞纳金，并处不缴或者少缴的税款百分之五十以上五倍以下的罚款。

第六十五条 纳税人欠缴应纳税款，采取转移或者隐匿财产的手段，妨碍税务机关追缴欠缴的税款的，由税务机关追缴欠缴的税款、滞纳金，并处欠缴税款百分之五十以上五倍以下的罚款；构成犯罪的，依法追究刑事责任。

第六十六条 以假报出口或者其他欺骗手段，骗取国家出口退税款的，由税务机关追缴其骗取的退税款，并处骗取税款一倍以上五倍以下的罚款；构成犯罪的，依法追究刑事责任。

对骗取国家出口退税款的，税务机关可以在规定期间内停止为其办理出口退税。

第六十七条 以暴力、威胁方法拒不缴纳税款的，是抗税，除由税务机关追缴其拒缴的税款、滞纳金外，依法追究刑事责任。情节轻微，未构成犯罪的，由税务机关追缴其拒缴的税款、滞纳金，并处拒缴税款一倍以上五倍以下的罚款。

第六十八条 纳税人、扣缴义务人在规定期限内不缴或者少缴应纳或者应解缴的税款，经税务机关责令限期缴纳，逾期仍未缴纳的，税务机关除依照本法第四十条的规定采取强制执行措施追缴其不缴或者少缴的税款外，可以处不缴或者少缴的税款百分之五十以上五倍以下的罚款。

第六十九条 扣缴义务人应扣未扣、应收而不收税款的，由税务机关向纳税人追缴税款，对扣缴义务人处应扣未扣、应收未收税款百分之五十以上三倍以下的罚款。

第七十条　纳税人、扣缴义务人逃避、拒绝或者以其他方式阻挠税务机关检查的，由税务机关责令改正，可以处一万元以下的罚款；情节严重的，处一万元以上五万元以下的罚款。

第七十一条　违反本法第二十二条规定，非法印制发票的，由税务机关销毁非法印制的发票，没收违法所得和作案工具，并处一万元以上五万元以下的罚款；构成犯罪的，依法追究刑事责任。

第七十二条　从事生产、经营的纳税人、扣缴义务人有本法规定的税收违法行为，拒不接受税务机关处理的，税务机关可以收缴其发票或者停止向其发售发票。

第七十三条　纳税人、扣缴义务人的开户银行或者其他金融机构拒绝接受税务机关依法检查纳税人、扣缴义务人存款账户，或者拒绝执行税务机关作出的冻结存款或者扣缴税款的决定，或者在接到税务机关的书面通知后帮助纳税人、扣缴义务人转移存款，造成税款流失的，由税务机关处十万元以上五十万元以下的罚款，对直接负责的主管人员和其他直接责任人员处一千元以上一万元以下的罚款。

第七十四条　本法规定的行政处罚，罚款额在二千元以下的，可以由税务所决定。

第七十五条　税务机关和司法机关的涉税罚没收入，应当按照税款入库预算级次上缴国库。

第七十六条　税务机关违反规定擅自改变税收征收管理范围和税款入库预算级次的，责令限期改正，对直接负责的主管人员和其他直接责任人员依法给予降级或者撤职的行政处分。

第七十七条　纳税人、扣缴义务人有本法第六十三条、第六十五条、第六十六条、第六十七条、第七十一条规定的行为涉嫌犯罪的，税务机关应当依法移交司法机关追究刑事责任。

税务人员徇私舞弊，对依法应当移交司法机关追究刑事责任的不移交，情节严重的，依法追究刑事责任。

第七十八条 未经税务机关依法委托征收税款的，责令退还收取的财物，依法给予行政处分或者行政处罚；致使他人合法权益受到损失的，依法承担赔偿责任；构成犯罪的，依法追究刑事责任。

第七十九条 税务机关、税务人员查封、扣押纳税人个人及其所扶养家属维持生活必需的住房和用品的，责令退还，依法给予行政处分；构成犯罪的，依法追究刑事责任。

第八十条 税务人员与纳税人、扣缴义务人勾结，唆使或者协助纳税人、扣缴义务人有本法第六十三条、第六十五条、第六十六条规定的行为，构成犯罪的，依法追究刑事责任；尚不构成犯罪的，依法给予行政处分。

第八十一条 税务人员利用职务上的便利，收受或者索取纳税人、扣缴义务人财物或者谋取其他不正当利益，构成犯罪的，依法追究刑事责任；尚不构成犯罪的，依法给予行政处分。

第八十二条 税务人员徇私舞弊或者玩忽职守，不征或者少征应征税款，致使国家税收遭受重大损失，构成犯罪的，依法追究刑事责任；尚不构成犯罪的，依法给予行政处分。

税务人员滥用职权，故意刁难纳税人、扣缴义务人的，调离税收工作岗位，并依法给予行政处分。

税务人员对控告、检举税收违法违纪行为的纳税人、扣缴义务人以及其他检举人进行打击报复的，依法给予行政处分；构成犯罪的，依法追究刑事责任。

税务人员违反法律、行政法规的规定，故意高估或者低估农业税计税产量，致使多征或者少征税款，侵犯农民合法权益或者损害国家利益，构成犯罪的，依法追究刑事责任；尚不构成犯罪的，依法给予行政处分。

第八十三条　违反法律、行政法规的规定提前征收、延缓征收或者摊派税款的，由其上级机关或者行政监察机关责令改正，对直接负责的主管人员和其他直接责任人员依法给予行政处分。

第八十四条　违反法律、行政法规的规定，擅自作出税收的开征、停征或者减税、免税、退税、补税以及其他同税收法律、行政法规相抵触的决定的，除依照本法规定撤销其擅自作出的决定外，补征应征未征税款，退还不应征收而征收的税款，并由上级机关追究直接负责的主管人员和其他直接责任人员的行政责任；构成犯罪的，依法追究刑事责任。

第八十五条　税务人员在征收税款或者查处税收违法案件时，未按照本法规定进行回避的，对直接负责的主管人员和其他直接责任人员，依法给予行政处分。

第八十六条　违反税收法律、行政法规应当给予行政处罚的行为，在五年内未被发现的，不再给予行政处罚。

第八十七条　未按照本法规定为纳税人、扣缴义务人、检举人保密的，对直接负责的主管人员和其他直接责任人员，由所在单位或者有关单位依法给予行政处分。

第八十八条 纳税人、扣缴义务人、纳税担保人同税务机关在纳税上发生争议时，必须先依照税务机关的纳税决定缴纳或者解缴税款及滞纳金或者提供相应的担保，然后可以依法申请行政复议；对行政复议决定不服的，可以依法向人民法院起诉。

当事人对税务机关的处罚决定、强制执行措施或者税收保全措施不服的，可以依法申请行政复议，也可以依法向人民法院起诉。

当事人对税务机关的处罚决定逾期不申请行政复议也不向人民法院起诉、又不履行的，作出处罚决定的税务机关可以采取本法第四十条规定的强制执行措施，或者申请人民法院强制执行。

第六章　附　　则

第八十九条 纳税人、扣缴义务人可以委托税务代理人代为办理税务事宜。

第九十条 耕地占用税、契税、农业税、牧业税征收管理的具体办法，由国务院另行制定。

关税及海关代征税收的征收管理，依照法律、行政法规的有关规定执行。

第九十一条 中华人民共和国同外国缔结的有关税收的条约、协定同本法有不同规定的，依照条约、协定的规定办理。

第九十二条 本法施行前颁布的税收法律与本法有不同规定的，适用本法规定。

第九十三条 国务院根据本法制定实施细则。

第九十四条 本法自 2001 年 5 月 1 日起施行。

中华人民共和国税收征收管理法实施细则

（2002年9月7日中华人民共和国国务院令第362号公布　根据2012年11月9日《国务院关于修改和废止部分行政法规的决定》第一次修订　根据2013年7月18日《国务院关于废止和修改部分行政法规的决定》第二次修订　根据2016年2月6日《国务院关于修改部分行政法规的决定》第三次修订）

第一章　总　　则

第一条　根据《中华人民共和国税收征收管理法》（以下简称税收征管法）的规定，制定本细则。

第二条　凡依法由税务机关征收的各种税收的征收管理，均适用税收征管法及本细则；税收征管法及本细则没有规定的，依照其他有关税收法律、行政法规的规定执行。

第三条　任何部门、单位和个人作出的与税收法律、行政法规相抵触的决定一律无效，税务机关不得执行，并应当向上级税务机关报告。

纳税人应当依照税收法律、行政法规的规定履行纳税义务；其签订的合同、协议等与税收法律、行政法规相抵触的，一律无效。

第四条 国家税务总局负责制定全国税务系统信息化建设的总体规划、技术标准、技术方案与实施办法；各级税务机关应当按照国家税务总局的总体规划、技术标准、技术方案与实施办法，做好本地区税务系统信息化建设的具体工作。

地方各级人民政府应当积极支持税务系统信息化建设，并组织有关部门实现相关信息的共享。

第五条 税收征管法第八条所称为纳税人、扣缴义务人保密的情况，是指纳税人、扣缴义务人的商业秘密及个人隐私。纳税人、扣缴义务人的税收违法行为不属于保密范围。

第六条 国家税务总局应当制定税务人员行为准则和服务规范。

上级税务机关发现下级税务机关的税收违法行为，应当及时予以纠正；下级税务机关应当按照上级税务机关的决定及时改正。

下级税务机关发现上级税务机关的税收违法行为，应当向上级税务机关或者有关部门报告。

第七条 税务机关根据检举人的贡献大小给予相应的奖励，奖励所需资金列入税务部门年度预算，单项核定。奖励资金具体使用办法以及奖励标准，由国家税务总局会同财政部制定。

第八条 税务人员在核定应纳税额、调整税收定额、进行税务检查、实施税务行政处罚、办理税务行政复议时，与纳税人、扣缴义务人或者其法定代表人、直接责任人有下列关系之一的，应当回避：

（一）夫妻关系；

（二）直系血亲关系；

（三）三代以内旁系血亲关系；

（四）近姻亲关系；

（五）可能影响公正执法的其他利害关系。

第九条 税收征管法第十四条所称按照国务院规定设立的并向社会公告的税务机构，是指省以下税务局的稽查局。稽查局专司偷税、逃避追缴欠税、骗税、抗税案件的查处。

国家税务总局应当明确划分税务局和稽查局的职责，避免职责交叉。

第二章 税务登记

第十条 国家税务局、地方税务局对同一纳税人的税务登记应当采用同一代码，信息共享。

税务登记的具体办法由国家税务总局制定。

第十一条 各级工商行政管理机关应当向同级国家税务局和地方税务局定期通报办理开业、变更、注销登记以及吊销营业执照的情况。

通报的具体办法由国家税务总局和国家工商行政管理总局联合制定。

第十二条 从事生产、经营的纳税人应当自领取营业执照之日起30日内，向生产、经营地或者纳税义务发生地的主管税务机关申报办理税务登记，如实填写税务登记表，并按照税务机关的要求提供有关证件、资料。

前款规定以外的纳税人，除国家机关和个人外，应当自纳税义务发生之日起30日内，持有关证件向所在地的主管税务机关申报办理税务登记。

个人所得税的纳税人办理税务登记的办法由国务院另行规定。

税务登记证件的式样，由国家税务总局制定。

第十三条 扣缴义务人应当自扣缴义务发生之日起30日内，向所在地的主管税务机关申报办理扣缴税款登记，领取扣缴税款登记证件；税务机关对已办理税务登记的扣缴义务人，可以只在其税务登记证件上登记扣缴税款事项，不再发给扣缴税款登记证件。

第十四条 纳税人税务登记内容发生变化的，应当自工商行政管理机关或者其他机关办理变更登记之日起30日内，持有关证件向原税务登记机关申报办理变更税务登记。

纳税人税务登记内容发生变化，不需要到工商行政管理机关或者其他机关办理变更登记的，应当自发生变化之日起30日内，持有关证件向原税务登记机关申报办理变更税务登记。

第十五条 纳税人发生解散、破产、撤销以及其他情形，依法终止纳税义务的，应当在向工商行政管理机关或者其他机关办理注销登记前，持有关证件向原税务登记机关申报办理注销税务登记；按照规定不需要在工商行政管理机关或者其他机关办理注册登记的，应当自有关机关批准或者宣告终止之日起15日内，持有关证件向原税务登记机关申报办理注销税务登记。

纳税人因住所、经营地点变动，涉及改变税务登记机关的，应当在向工商行政管理机关或者其他机关申请办理变更或者注销登记前或者住所、经营地点变动前，向原税务登记机关申报办理注销税务登记，并在30日内向迁达地税务机关申报办理税务登记。

纳税人被工商行政管理机关吊销营业执照或者被其他机关予以撤销登记的，应当自营业执照被吊销或者被撤销登记之日起 15 日内，向原税务登记机关申报办理注销税务登记。

第十六条 纳税人在办理注销税务登记前，应当向税务机关结清应纳税款、滞纳金、罚款，缴销发票、税务登记证件和其他税务证件。

第十七条 从事生产、经营的纳税人应当自开立基本存款账户或者其他存款账户之日起 15 日内，向主管税务机关书面报告其全部账号；发生变化的，应当自变化之日起 15 日内，向主管税务机关书面报告。

第十八条 除按照规定不需要发给税务登记证件的外，纳税人办理下列事项时，必须持税务登记证件：

（一）开立银行账户；

（二）申请减税、免税、退税；

（三）申请办理延期申报、延期缴纳税款；

（四）领购发票；

（五）申请开具外出经营活动税收管理证明；

（六）办理停业、歇业；

（七）其他有关税务事项。

第十九条 税务机关对税务登记证件实行定期验证和换证制度。纳税人应当在规定的期限内持有关证件到主管税务机关办理验证或者换证手续。

第二十条 纳税人应当将税务登记证件正本在其生产、经营场

所或者办公场所公开悬挂，接受税务机关检查。

纳税人遗失税务登记证件的，应当在15日内书面报告主管税务机关，并登报声明作废。

第二十一条　从事生产、经营的纳税人到外县（市）临时从事生产、经营活动的，应当持税务登记证副本和所在地税务机关填开的外出经营活动税收管理证明，向营业地税务机关报验登记，接受税务管理。

从事生产、经营的纳税人外出经营，在同一地累计超过180天的，应当在营业地办理税务登记手续。

第三章　账簿、凭证管理

第二十二条　从事生产、经营的纳税人应当自领取营业执照或者发生纳税义务之日起15日内，按照国家有关规定设置账簿。

前款所称账簿，是指总账、明细账、日记账以及其他辅助性账簿。总账、日记账应当采用订本式。

第二十三条　生产、经营规模小又确无建账能力的纳税人，可以聘请经批准从事会计代理记账业务的专业机构或者财会人员代为建账和办理账务。

第二十四条　从事生产、经营的纳税人应当自领取税务登记证件之日起15日内，将其财务、会计制度或者财务、会计处理办法报送主管税务机关备案。

纳税人使用计算机记账的，应当在使用前将会计电算化系统的会计核算软件、使用说明书及有关资料报送主管税务机关备案。

纳税人建立的会计电算化系统应当符合国家有关规定，并能正确、完整核算其收入或者所得。

第二十五条 扣缴义务人应当自税收法律、行政法规规定的扣缴义务发生之日起10日内，按照所代扣、代收的税种，分别设置代扣代缴、代收代缴税款账簿。

第二十六条 纳税人、扣缴义务人会计制度健全，能够通过计算机正确、完整计算其收入和所得或者代扣代缴、代收代缴税款情况的，其计算机输出的完整的书面会计记录，可视同会计账簿。

纳税人、扣缴义务人会计制度不健全，不能通过计算机正确、完整计算其收入和所得或者代扣代缴、代收代缴税款情况的，应当建立总账及与纳税或者代扣代缴、代收代缴税款有关的其他账簿。

第二十七条 账簿、会计凭证和报表，应当使用中文。民族自治地方可以同时使用当地通用的一种民族文字。外商投资企业和外国企业可以同时使用一种外国文字。

第二十八条 纳税人应当按照税务机关的要求安装、使用税控装置，并按照税务机关的规定报送有关数据和资料。

税控装置推广应用的管理办法由国家税务总局另行制定，报国务院批准后实施。

第二十九条 账簿、记账凭证、报表、完税凭证、发票、出口凭证以及其他有关涉税资料应当合法、真实、完整。

账簿、记账凭证、报表、完税凭证、发票、出口凭证以及其他有关涉税资料应当保存10年；但是，法律、行政法规另有规定的除外。

第四章 纳 税 申 报

第三十条 税务机关应当建立、健全纳税人自行申报纳税制度。纳税人、扣缴义务人可以采取邮寄、数据电文方式办理纳税申报或者报送代扣代缴、代收代缴税款报告表。

数据电文方式，是指税务机关确定的电话语音、电子数据交换和网络传输等电子方式。

第三十一条 纳税人采取邮寄方式办理纳税申报的，应当使用统一的纳税申报专用信封，并以邮政部门收据作为申报凭据。邮寄申报以寄出的邮戳日期为实际申报日期。

纳税人采取电子方式办理纳税申报的，应当按照税务机关规定的期限和要求保存有关资料，并定期书面报送主管税务机关。

第三十二条 纳税人在纳税期内没有应纳税款的，也应当按照规定办理纳税申报。

纳税人享受减税、免税待遇的，在减税、免税期间应当按照规定办理纳税申报。

第三十三条 纳税人、扣缴义务人的纳税申报或者代扣代缴、代收代缴税款报告表的主要内容包括：税种、税目，应纳税项目或者应代扣代缴、代收代缴税款项目，计税依据，扣除项目及标准，适用税率或者单位税额，应退税项目及税额、应减免税项目及税额，应纳税额或者应代扣代缴、代收代缴税额，税款所属期限、延期缴纳税款、欠税、滞纳金等。

第三十四条 纳税人办理纳税申报时，应当如实填写纳税申报表，并根据不同的情况相应报送下列有关证件、资料：

（一）财务会计报表及其说明材料；

（二）与纳税有关的合同、协议书及凭证；

（三）税控装置的电子报税资料；

（四）外出经营活动税收管理证明和异地完税凭证；

（五）境内或者境外公证机构出具的有关证明文件；

（六）税务机关规定应当报送的其他有关证件、资料。

第三十五条 扣缴义务人办理代扣代缴、代收代缴税款报告时，应当如实填写代扣代缴、代收代缴税款报告表，并报送代扣代缴、代收代缴税款的合法凭证以及税务机关规定的其他有关证件、资料。

第三十六条 实行定期定额缴纳税款的纳税人，可以实行简易申报、简并征期等申报纳税方式。

第三十七条 纳税人、扣缴义务人按照规定的期限办理纳税申报或者报送代扣代缴、代收代缴税款报告表确有困难，需要延期的，应当在规定的期限内向税务机关提出书面延期申请，经税务机关核准，在核准的期限内办理。

纳税人、扣缴义务人因不可抗力，不能按期办理纳税申报或者报送代扣代缴、代收代缴税款报告表的，可以延期办理；但是，应当在不可抗力情形消除后立即向税务机关报告。税务机关应当查明事实，予以核准。

第五章 税款征收

第三十八条 税务机关应当加强对税款征收的管理，建立、健全责任制度。

税务机关根据保证国家税款及时足额入库、方便纳税人、降低税收成本的原则，确定税款征收的方式。

税务机关应当加强对纳税人出口退税的管理，具体管理办法由国家税务总局会同国务院有关部门制定。

第三十九条 税务机关应当将各种税收的税款、滞纳金、罚款，按照国家规定的预算科目和预算级次及时缴入国库，税务机关不得占压、挪用、截留，不得缴入国库以外或者国家规定的税款账户以外的任何账户。

已缴入国库的税款、滞纳金、罚款，任何单位和个人不得擅自变更预算科目和预算级次。

第四十条 税务机关应当根据方便、快捷、安全的原则，积极推广使用支票、银行卡、电子结算方式缴纳税款。

第四十一条 纳税人有下列情形之一的，属于税收征管法第三十一条所称特殊困难：

（一）因不可抗力，导致纳税人发生较大损失，正常生产经营活动受到较大影响的；

（二）当期货币资金在扣除应付职工工资、社会保险费后，不足以缴纳税款的。

计划单列市国家税务局、地方税务局可以参照税收征管法第三十一条第二款的批准权限，审批纳税人延期缴纳税款。

第四十二条 纳税人需要延期缴纳税款的，应当在缴纳税款期限届满前提出申请，并报送下列材料：申请延期缴纳税款报告，当期货币资金余额情况及所有银行存款账户的对账单，资产负债表，应付职工工资和社会保险费等税务机关要求提供的支出预算。

税务机关应当自收到申请延期缴纳税款报告之日起20日内作出批准或者不予批准的决定；不予批准的，从缴纳税款期限届满之日起加收滞纳金。

第四十三条 享受减税、免税优惠的纳税人，减税、免税期满，应当自期满次日起恢复纳税；减税、免税条件发生变化的，应当在纳税申报时向税务机关报告；不再符合减税、免税条件的，应当依法履行纳税义务；未依法纳税的，税务机关应当予以追缴。

第四十四条 税务机关根据有利于税收控管和方便纳税的原则，可以按照国家有关规定委托有关单位和人员代征零星分散和异地缴纳的税收，并发给委托代征证书。受托单位和人员按照代征证书的要求，以税务机关的名义依法征收税款，纳税人不得拒绝；纳税人拒绝的，受托代征单位和人员应当及时报告税务机关。

第四十五条 税收征管法第三十四条所称完税凭证，是指各种完税证、缴款书、印花税票、扣（收）税凭证以及其他完税证明。

未经税务机关指定，任何单位、个人不得印制完税凭证。完税凭证不得转借、倒卖、变造或者伪造。

完税凭证的式样及管理办法由国家税务总局制定。

第四十六条 税务机关收到税款后，应当向纳税人开具完税凭证。纳税人通过银行缴纳税款的，税务机关可以委托银行开具完税凭证。

第四十七条 纳税人有税收征管法第三十五条或者第三十七条

所列情形之一的，税务机关有权采用下列任何一种方法核定其应纳税额：

（一）参照当地同类行业或者类似行业中经营规模和收入水平相近的纳税人的税负水平核定；

（二）按照营业收入或者成本加合理的费用和利润的方法核定；

（三）按照耗用的原材料、燃料、动力等推算或者测算核定；

（四）按照其他合理方法核定。

采用前款所列一种方法不足以正确核定应纳税额时，可以同时采用两种以上的方法核定。

纳税人对税务机关采取本条规定的方法核定的应纳税额有异议的，应当提供相关证据，经税务机关认定后，调整应纳税额。

第四十八条 税务机关负责纳税人纳税信誉等级评定工作。纳税人纳税信誉等级的评定办法由国家税务总局制定。

第四十九条 承包人或者承租人有独立的生产经营权，在财务上独立核算，并定期向发包人或者出租人上缴承包费或者租金的，承包人或者承租人应当就其生产、经营收入和所得纳税，并接受税务管理；但是，法律、行政法规另有规定的除外。

发包人或者出租人应当自发包或者出租之日起30日内将承包人或者承租人的有关情况向主管税务机关报告。发包人或者出租人不报告的，发包人或者出租人与承包人或者承租人承担纳税连带责任。

第五十条 纳税人有解散、撤销、破产情形的，在清算前应当向其主管税务机关报告；未结清税款的，由其主管税务机关参加清算。

第五十一条 税收征管法第三十六条所称关联企业，是指有下列关系之一的公司、企业和其他经济组织：

（一）在资金、经营、购销等方面，存在直接或者间接的拥有或者控制关系；

（二）直接或者间接地同为第三者所拥有或者控制；

（三）在利益上具有相关联的其他关系。

纳税人有义务就其与关联企业之间的业务往来，向当地税务机关提供有关的价格、费用标准等资料。具体办法由国家税务总局制定。

第五十二条 税收征管法第三十六条所称独立企业之间的业务往来，是指没有关联关系的企业之间按照公平成交价格和营业常规所进行的业务往来。

第五十三条 纳税人可以向主管税务机关提出与其关联企业之间业务往来的定价原则和计算方法，主管税务机关审核、批准后，与纳税人预先约定有关定价事项，监督纳税人执行。

第五十四条 纳税人与其关联企业之间的业务往来有下列情形之一的，税务机关可以调整其应纳税额：

（一）购销业务未按照独立企业之间的业务往来作价；

（二）融通资金所支付或者收取的利息超过或者低于没有关联关系的企业之间所能同意的数额，或者利率超过或者低于同类业务的正常利率；

（三）提供劳务，未按照独立企业之间业务往来收取或者支付劳务费用；

（四）转让财产、提供财产使用权等业务往来，未按照独立企业之间业务往来作价或者收取、支付费用；

（五）未按照独立企业之间业务往来作价的其他情形。

第五十五条 纳税人有本细则第五十四条所列情形之一的，税务机关可以按照下列方法调整计税收入额或者所得额：

（一）按照独立企业之间进行的相同或者类似业务活动的价格；

（二）按照再销售给无关联关系的第三者的价格所应取得的收入和利润水平；

（三）按照成本加合理的费用和利润；

（四）按照其他合理的方法。

第五十六条 纳税人与其关联企业未按照独立企业之间的业务往来支付价款、费用的，税务机关自该业务往来发生的纳税年度起 3 年内进行调整；有特殊情况的，可以自该业务往来发生的纳税年度起 10 年内进行调整。

第五十七条 税收征管法第三十七条所称未按照规定办理税务登记从事生产、经营的纳税人，包括到外县（市）从事生产、经营而未向营业地税务机关报验登记的纳税人。

第五十八条 税务机关依照税收征管法第三十七条的规定，扣押纳税人商品、货物的，纳税人应当自扣押之日起 15 日内缴纳税款。

对扣押的鲜活、易腐烂变质或者易失效的商品、货物，税务机关根据被扣押物品的保质期，可以缩短前款规定的扣押期限。

第五十九条 税收征管法第三十八条、第四十条所称其他财产，包括纳税人的房地产、现金、有价证券等不动产和动产。

机动车辆、金银饰品、古玩字画、豪华住宅或者一处以外的住房不属于税收征管法第三十八条、第四十条、第四十二条所称个人及其所扶养家属维持生活必需的住房和用品。

税务机关对单价 5000 元以下的其他生活用品，不采取税收保全措施和强制执行措施。

第六十条 税收征管法第三十八条、第四十条、第四十二条所称个人所扶养家属，是指与纳税人共同居住生活的配偶、直系亲属以及无生活来源并由纳税人扶养的其他亲属。

第六十一条 税收征管法第三十八条、第八十八条所称担保，包括经税务机关认可的纳税保证人为纳税人提供的纳税保证，以及纳税人或者第三人以其未设置或者未全部设置担保物权的财产提供的担保。

纳税保证人，是指在中国境内具有纳税担保能力的自然人、法人或者其他经济组织。

法律、行政法规规定的没有担保资格的单位和个人，不得作为纳税担保人。

第六十二条 纳税担保人同意为纳税人提供纳税担保的，应当填写纳税担保书，写明担保对象、担保范围、担保期限和担保责任以及其他有关事项。担保书须经纳税人、纳税担保人签字盖章并经税务机关同意，方为有效。

纳税人或者第三人以其财产提供纳税担保的，应当填写财产清单，并写明财产价值以及其他有关事项。纳税担保财产清单须经纳税人、第三人签字盖章并经税务机关确认，方为有效。

第六十三条 税务机关执行扣押、查封商品、货物或者其他财产时，应当由两名以上税务人员执行，并通知被执行人。被执行人是自然人的，应当通知被执行人本人或者其成年家属到场；被执行人是法人或者其他组织的，应当通知其法定代表人或者主要负责人到场；拒不到场的，不影响执行。

第六十四条 税务机关执行税收征管法第三十七条、第三十八条、第四十条的规定，扣押、查封价值相当于应纳税款的商品、货物或者其他财产时，参照同类商品的市场价、出厂价或者评估价估算。

税务机关按照前款方法确定应扣押、查封的商品、货物或者其他财产的价值时，还应当包括滞纳金和拍卖、变卖所发生的费用。

第六十五条 对价值超过应纳税额且不可分割的商品、货物或者其他财产，税务机关在纳税人、扣缴义务人或者纳税担保人无其他可供强制执行的财产的情况下，可以整体扣押、查封、拍卖。

第六十六条 税务机关执行税收征管法第三十七条、第三十八条、第四十条的规定，实施扣押、查封时，对有产权证件的动产或者不动产，税务机关可以责令当事人将产权证件交税务机关保管，同时可以向有关机关发出协助执行通知书，有关机关在扣押、查封期间不再办理该动产或者不动产的过户手续。

第六十七条 对查封的商品、货物或者其他财产，税务机关可以指令被执行人负责保管，保管责任由被执行人承担。

继续使用被查封的财产不会减少其价值的，税务机关可以允许被执行人继续使用；因被执行人保管或者使用的过错造成的损失，由被执行人承担。

第六十八条 纳税人在税务机关采取税收保全措施后，按照税务机关规定的期限缴纳税款的，税务机关应当自收到税款或者银行转回的完税凭证之日起1日内解除税收保全。

第六十九条 税务机关将扣押、查封的商品、货物或者其他财产变价抵缴税款时，应当交由依法成立的拍卖机构拍卖；无法委托拍卖或者不适于拍卖的，可以交由当地商业企业代为销售，也可以责令纳税人限期处理；无法委托商业企业销售，纳税人也无法处理的，可以由税务机关变价处理，具体办法由国家税务总局规定。国家禁止自由买卖的商品，应当交由有关单位按照国家规定的价格收购。

拍卖或者变卖所得抵缴税款、滞纳金、罚款以及拍卖、变卖等费用后，剩余部分应当在3日内退还被执行人。

第七十条 税收征管法第三十九条、第四十三条所称损失，是指因税务机关的责任，使纳税人、扣缴义务人或者纳税担保人的合法利益遭受的直接损失。

第七十一条 税收征管法所称其他金融机构，是指信托投资公司、信用合作社、邮政储蓄机构以及经中国人民银行、中国证券监督管理委员会等批准设立的其他金融机构。

第七十二条 税收征管法所称存款，包括独资企业投资人、合伙企业合伙人、个体工商户的储蓄存款以及股东资金账户中的资金等。

第七十三条 从事生产、经营的纳税人、扣缴义务人未按照规定的期限缴纳或者解缴税款的，纳税担保人未按照规定的期限缴纳所担保的税款的，由税务机关发出限期缴纳税款通知书，责令缴纳或者解缴税款的最长期限不得超过 15 日。

第七十四条 欠缴税款的纳税人或者其法定代表人在出境前未按照规定结清应纳税款、滞纳金或者提供纳税担保的，税务机关可以通知出入境管理机关阻止其出境。阻止出境的具体办法，由国家税务总局会同公安部制定。

第七十五条 税收征管法第三十二条规定的加收滞纳金的起止时间，为法律、行政法规规定或者税务机关依照法律、行政法规的规定确定的税款缴纳期限届满次日起至纳税人、扣缴义务人实际缴纳或者解缴税款之日止。

第七十六条 县级以上各级税务机关应当将纳税人的欠税情况，在办税场所或者广播、电视、报纸、期刊、网络等新闻媒体上定期公告。

对纳税人欠缴税款的情况实行定期公告的办法，由国家税务总局制定。

第七十七条 税收征管法第四十九条所称欠缴税款数额较大，是指欠缴税款 5 万元以上。

第七十八条 税务机关发现纳税人多缴税款的，应当自发现之日起 10 日内办理退还手续；纳税人发现多缴税款，要求退还的，税务机关应当自接到纳税人退还申请之日起 30 日内查实并办理退还手续。

税收征管法第五十一条规定的加算银行同期存款利息的多缴税款退税，不包括依法预缴税款形成的结算退税、出口退税和各种减免退税。

退税利息按照税务机关办理退税手续当天中国人民银行规定的活期存款利率计算。

第七十九条 当纳税人既有应退税款又有欠缴税款的，税务机关可以将应退税款和利息先抵扣欠缴税款；抵扣后有余额的，退还纳税人。

第八十条 税收征管法第五十二条所称税务机关的责任，是指税务机关适用税收法律、行政法规不当或者执法行为违法。

第八十一条 税收征管法第五十二条所称纳税人、扣缴义务人计算错误等失误，是指非主观故意的计算公式运用错误以及明显的笔误。

第八十二条 税收征管法第五十二条所称特殊情况，是指纳税人或者扣缴义务人因计算错误等失误，未缴或者少缴、未扣或者少扣、未收或者少收税款，累计数额在10万元以上的。

第八十三条 税收征管法第五十二条规定的补缴和追征税款、滞纳金的期限，自纳税人、扣缴义务人应缴未缴或者少缴税款之日起计算。

第八十四条 审计机关、财政机关依法进行审计、检查时，对税务机关的税收违法行为作出的决定，税务机关应当执行；发现被审计、检查单位有税收违法行为的，向被审计、检查单位下达决定、意见书，责成被审计、检查单位向税务机关缴纳应当缴纳的税款、滞纳金。税务机关应当根据有关机关的决定、意见书，依照税收法律、行政法规的规定，将应收的税款、滞纳金按照国家规定的税收征收管理范围和税款入库预算级次缴入国库。

税务机关应当自收到审计机关、财政机关的决定、意见书之日起 30 日内将执行情况书面回复审计机关、财政机关。

有关机关不得将其履行职责过程中发现的税款、滞纳金自行征收入库或者以其他款项的名义自行处理、占压。

第六章 税务检查

第八十五条 税务机关应当建立科学的检查制度，统筹安排检查工作，严格控制对纳税人、扣缴义务人的检查次数。

税务机关应当制定合理的税务稽查工作规程，负责选案、检查、审理、执行的人员的职责应当明确，并相互分离、相互制约，规范选案程序和检查行为。

税务检查工作的具体办法，由国家税务总局制定。

第八十六条 税务机关行使税收征管法第五十四条第（一）项职权时，可以在纳税人、扣缴义务人的业务场所进行；必要时，经县以上税务局（分局）局长批准，可以将纳税人、扣缴义务人以前会计年度的账簿、记账凭证、报表和其他有关资料调回税务机关检查，但是税务机关必须向纳税人、扣缴义务人开付清单，并在 3 个月内完整退还；有特殊情况的，经设区的市、自治州以上税务局局长批准，税务机关可以将纳税人、扣缴义务人当年的账簿、记账凭证、报表和其他有关资料调回检查，但是税务机关必须在 30 日内退还。

第八十七条 税务机关行使税收征管法第五十四条第（六）项职权时，应当指定专人负责，凭全国统一格式的检查存款账户许可证明进行，并有责任为被检查人保守秘密。

检查存款账户许可证明，由国家税务总局制定。

税务机关查询的内容，包括纳税人存款账户余额和资金往来情况。

第八十八条 依照税收征管法第五十五条规定，税务机关采取税收保全措施的期限一般不得超过6个月；重大案件需要延长的，应当报国家税务总局批准。

第八十九条 税务机关和税务人员应当依照税收征管法及本细则的规定行使税务检查职权。

税务人员进行税务检查时，应当出示税务检查证和税务检查通知书；无税务检查证和税务检查通知书的，纳税人、扣缴义务人及其他当事人有权拒绝检查。税务机关对集贸市场及集中经营业户进行检查时，可以使用统一的税务检查通知书。

税务检查证和税务检查通知书的式样、使用和管理的具体办法，由国家税务总局制定。

第七章　法律责任

第九十条 纳税人未按照规定办理税务登记证件验证或者换证手续的，由税务机关责令限期改正，可以处2000元以下的罚款；情节严重的，处2000元以上1万元以下的罚款。

第九十一条 非法印制、转借、倒卖、变造或者伪造完税凭证的，由税务机关责令改正，处2000元以上1万元以下的罚款；情节严重的，处1万元以上5万元以下的罚款；构成犯罪的，依法追究刑事责任。

第九十二条 银行和其他金融机构未依照税收征管法的规定在从事生产、经营的纳税人的账户中登录税务登记证件号码，或者未按规定在税务登记证件中登录从事生产、经营的纳税人的账户账号的，由税务机关责令其限期改正，处2000元以上2万元以下的罚款；情节严重的，处2万元以上5万元以下的罚款。

第九十三条 为纳税人、扣缴义务人非法提供银行账户、发票、证明或者其他方便，导致未缴、少缴税款或者骗取国家出口退税款的，税务机关除没收其违法所得外，可以处未缴、少缴或者骗取的税款1倍以下的罚款。

第九十四条 纳税人拒绝代扣、代收税款的，扣缴义务人应当向税务机关报告，由税务机关直接向纳税人追缴税款、滞纳金；纳税人拒不缴纳的，依照税收征管法第六十八条的规定执行。

第九十五条 税务机关依照税收征管法第五十四条第（五）项的规定，到车站、码头、机场、邮政企业及其分支机构检查纳税人有关情况时，有关单位拒绝的，由税务机关责令改正，可以处1万元以下的罚款；情节严重的，处1万元以上5万元以下的罚款。

第九十六条 纳税人、扣缴义务人有下列情形之一的，依照税收征管法第七十条的规定处罚：

（一）提供虚假资料，不如实反映情况，或者拒绝提供有关资料的；

（二）拒绝或者阻止税务机关记录、录音、录像、照相和复制与案件有关的情况和资料的；

（三）在检查期间，纳税人、扣缴义务人转移、隐匿、销毁有关资料的；

（四）有不依法接受税务检查的其他情形的。

第九十七条　税务人员私分扣押、查封的商品、货物或者其他财产，情节严重，构成犯罪的，依法追究刑事责任；尚不构成犯罪的，依法给予行政处分。

第九十八条　税务代理人违反税收法律、行政法规，造成纳税人未缴或者少缴税款的，除由纳税人缴纳或者补缴应纳税款、滞纳金外，对税务代理人处纳税人未缴或者少缴税款50%以上3倍以下的罚款。

第九十九条　税务机关对纳税人、扣缴义务人及其他当事人处以罚款或者没收违法所得时，应当开付罚没凭证；未开付罚没凭证的，纳税人、扣缴义务人以及其他当事人有权拒绝给付。

第一百条　税收征管法第八十八条规定的纳税争议，是指纳税人、扣缴义务人、纳税担保人对税务机关确定纳税主体、征税对象、征税范围、减税、免税及退税、适用税率、计税依据、纳税环节、纳税期限、纳税地点以及税款征收方式等具体行政行为有异议而发生的争议。

第八章　文书送达

第一百零一条　税务机关送达税务文书，应当直接送交受送达人。

受送达人是公民的，应当由本人直接签收；本人不在的，交其同住成年家属签收。

受送达人是法人或者其他组织的，应当由法人的法定代表人、其他组织的主要负责人或者该法人、组织的财务负责人、负责收件的人签收。受送达人有代理人的，可以送交其代理人签收。

第一百零二条 送达税务文书应当有送达回证，并由受送达人或者本细则规定的其他签收人在送达回证上记明收到日期，签名或者盖章，即为送达。

第一百零三条 受送达人或者本细则规定的其他签收人拒绝签收税务文书的，送达人应当在送达回证上记明拒收理由和日期，并由送达人和见证人签名或者盖章，将税务文书留在受送达人处，即视为送达。

第一百零四条 直接送达税务文书有困难的，可以委托其他有关机关或者其他单位代为送达，或者邮寄送达。

第一百零五条 直接或者委托送达税务文书的，以签收人或者见证人在送达回证上的签收或者注明的收件日期为送达日期；邮寄送达的，以挂号函件回执上注明的收件日期为送达日期，并视为已送达。

第一百零六条 有下列情形之一的，税务机关可以公告送达税务文书，自公告之日起满 30 日，即视为送达：

（一）同一送达事项的受送达人众多；

（二）采用本章规定的其他送达方式无法送达。

第一百零七条 税务文书的格式由国家税务总局制定。本细则所称税务文书，包括：

（一）税务事项通知书；

（二）责令限期改正通知书；

（三）税收保全措施决定书；

（四）税收强制执行决定书；

（五）税务检查通知书；

（六）税务处理决定书；

（七）税务行政处罚决定书；

（八）行政复议决定书；

（九）其他税务文书。

第九章　附　　则

第一百零八条　税收征管法及本细则所称“以上”、“以下”、“日内”、“届满”均含本数。

第一百零九条　税收征管法及本细则所规定期限的最后一日是法定休假日的，以休假日期满的次日为期限的最后一日；在期限内有连续3日以上法定休假日的，按休假日天数顺延。

第一百一十条　税收征管法第三十条第三款规定的代扣、代收手续费，纳入预算管理，由税务机关依照法律、行政法规的规定付给扣缴义务人。

第一百一十一条　纳税人、扣缴义务人委托税务代理人代为办理税务事宜的办法，由国家税务总局规定。

第一百一十二条　耕地占用税、契税、农业税、牧业税的征收管理，按照国务院的有关规定执行。

第一百一十三条　本细则自2002年10月15日起施行。1993年8月4日国务院发布的《中华人民共和国税收征收管理法实施细则》同时废止。

个人所得税专项附加扣除暂行办法

（2018 年 12 月 13 日　国发〔2018〕41 号）

第一章　总　　则

第一条　根据《中华人民共和国个人所得税法》（以下简称个人所得税法）规定，制定本办法。

第二条　本办法所称个人所得税专项附加扣除，是指个人所得税法规定的子女教育、继续教育、大病医疗、住房贷款利息或者住房租金、赡养老人等 6 项专项附加扣除。

第三条　个人所得税专项附加扣除遵循公平合理、利于民生、简便易行的原则。

第四条　根据教育、医疗、住房、养老等民生支出变化情况，适时调整专项附加扣除范围和标准。

第二章　子 女 教 育

第五条　纳税人的子女接受全日制学历教育的相关支出，按照每个子女每月 1000 元的标准定额扣除。

学历教育包括义务教育（小学、初中教育）、高中阶段教育（普通高中、中等职业、技工教育）、高等教育（大学专科、大学本科、硕士研究生、博士研究生教育）。

年满3岁至小学入学前处于学前教育阶段的子女，按本条第一款规定执行。

第六条 父母可以选择由其中一方按扣除标准的100%扣除，也可以选择由双方分别按扣除标准的50%扣除，具体扣除方式在一个纳税年度内不能变更。

第七条 纳税人子女在中国境外接受教育的，纳税人应当留存境外学校录取通知书、留学签证等相关教育的证明资料备查。

第三章 继续教育

第八条 纳税人在中国境内接受学历（学位）继续教育的支出，在学历（学位）教育期间按照每月400元定额扣除。同一学历（学位）继续教育的扣除期限不能超过48个月。纳税人接受技能人员职业资格继续教育、专业技术人员职业资格继续教育的支出，在取得相关证书的当年，按照3600元定额扣除。

第九条 个人接受本科及以下学历（学位）继续教育，符合本办法规定扣除条件的，可以选择由其父母扣除，也可以选择由本人扣除。

第十条 纳税人接受技能人员职业资格继续教育、专业技术人员职业资格继续教育的，应当留存相关证书等资料备查。

第四章 大病医疗

第十一条 在一个纳税年度内，纳税人发生的与基本医保相关的医药费用支出，扣除医保报销后个人负担（指医保目录范围内的自付部分）累计超过15000元的部分，由纳税人在办理年度汇算清缴时，在 80000 元限额内据实扣除。

第十二条 纳税人发生的医药费用支出可以选择由本人或者其配偶扣除；未成年子女发生的医药费用支出可以选择由其父母一方扣除。

纳税人及其配偶、未成年子女发生的医药费用支出，按本办法第十一条规定分别计算扣除额。

第十三条 纳税人应当留存医药服务收费及医保报销相关票据原件（或者复印件）等资料备查。医疗保障部门应当向患者提供在医疗保障信息系统记录的本人年度医药费用信息查询服务。

第五章 住房贷款利息

第十四条 纳税人本人或者配偶单独或者共同使用商业银行或者住房公积金个人住房贷款为本人或者其配偶购买中国境内住房，发生的首套住房贷款利息支出，在实际发生贷款利息的年度，按照每月 1000 元的标准定额扣除，扣除期限最长不超过 240 个月。纳税人只能享受一次首套住房贷款的利息扣除。

本办法所称首套住房贷款是指购买住房享受首套住房贷款利率的住房贷款。

第十五条 经夫妻双方约定，可以选择由其中一方扣除，具体扣除方式在一个纳税年度内不能变更。

夫妻双方婚前分别购买住房发生的首套住房贷款，其贷款利息支出，婚后可以选择其中一套购买的住房，由购买方按扣除标准的 100% 扣除，也可以由夫妻双方对各自购买的住房分别按扣除标准的50%扣除，具体扣除方式在一个纳税年度内不能变更。

第十六条 纳税人应当留存住房贷款合同、贷款还款支出凭证备查。

第六章 住房租金

第十七条 纳税人在主要工作城市没有自有住房而发生的住房租金支出，可以按照以下标准定额扣除：

（一）直辖市、省会（首府）城市、计划单列市以及国务院确定的其他城市，扣除标准为每月1500元；

（二）除第一项所列城市以外，市辖区户籍人口超过100万的城市，扣除标准为每月1100元；市辖区户籍人口不超过100万的城市，扣除标准为每月800元。

纳税人的配偶在纳税人的主要工作城市有自有住房的，视同纳税人在主要工作城市有自有住房。

市辖区户籍人口，以国家统计局公布的数据为准。

第十八条 本办法所称主要工作城市是指纳税人任职受雇的直辖市、计划单列市、副省级城市、地级市（地区、州、盟）全部行政区域范围；纳税人无任职受雇单位的，为受理其综合所得汇算清缴的税务机关所在城市。

夫妻双方主要工作城市相同的，只能由一方扣除住房租金支出。

第十九条 住房租金支出由签订租赁住房合同的承租人扣除。

第二十条 纳税人及其配偶在一个纳税年度内不能同时分别享受住房贷款利息和住房租金专项附加扣除。

第二十一条 纳税人应当留存住房租赁合同、协议等有关资料备查。

第七章 赡养老人

第二十二条 纳税人赡养一位及以上被赡养人的赡养支出，统一按照以下标准定额扣除：

（一）纳税人为独生子女的，按照每月2000元的标准定额扣除；

（二）纳税人为非独生子女的，由其与兄弟姐妹分摊每月2000元的扣除额度，每人分摊的额度不能超过每月1000元。可以由赡养人均摊或者约定分摊，也可以由被赡养人指定分摊。约定或者指定分摊的须签订书面分摊协议，指定分摊优先于约定分摊。具体分摊方式和额度在一个纳税年度内不能变更。

第二十三条 本办法所称被赡养人是指年满60岁的父母，以及子女均已去世的年满60岁的祖父母、外祖父母。

第八章 保障措施

第二十四条 纳税人向收款单位索取发票、财政票据、支出凭证，收款单位不能拒绝提供。

第二十五条 纳税人首次享受专项附加扣除，应当将专项附加扣除相关信息提交扣缴义务人或者税务机关，扣缴义务人应当及时将相关信息报送税务机关，纳税人对所提交信息的真实性、准确性、完整性负责。专项附加扣除信息发生变化的，纳税人应当及时向扣缴义务人或者税务机关提供相关信息。

前款所称专项附加扣除相关信息，包括纳税人本人、配偶、子女、被赡养人等个人身份信息，以及国务院税务主管部门规定的其他与专项附加扣除相关的信息。

本办法规定纳税人需要留存备查的相关资料应当留存五年。

第二十六条 有关部门和单位有责任和义务向税务部门提供或者协助核实以下与专项附加扣除有关的信息：

（一）公安部门有关户籍人口基本信息、户成员关系信息、出入境证件信息、相关出国人员信息、户籍人口死亡标识等信息；

（二）卫生健康部门有关出生医学证明信息、独生子女信息；

（三）民政部门、外交部门、法院有关婚姻状况信息；

（四）教育部门有关学生学籍信息（包括学历继续教育学生学籍、考籍信息）、在相关部门备案的境外教育机构资质信息；

（五）人力资源社会保障等部门有关技工院校学生学籍信息、技能人员职业资格继续教育信息、专业技术人员职业资格继续教育信息；

（六）住房城乡建设部门有关房屋（含公租房）租赁信息、住房公积金管理机构有关住房公积金贷款还款支出信息；

（七）自然资源部门有关不动产登记信息；

（八）人民银行、金融监督管理部门有关住房商业贷款还款支出信息；

（九）医疗保障部门有关在医疗保障信息系统记录的个人负担的医药费用信息；

（十）国务院税务主管部门确定需要提供的其他涉税信息。

上述数据信息的格式、标准、共享方式，由国务院税务主管部门及各省、自治区、直辖市和计划单列市税务局商有关部门确定。

有关部门和单位拥有专项附加扣除涉税信息，但未按规定要求向税务部门提供的，拥有涉税信息的部门或者单位的主要负责人及相关人员承担相应责任。

第二十七条 扣缴义务人发现纳税人提供的信息与实际情况不符的，可以要求纳税人修改。纳税人拒绝修改的，扣缴义务人应当报告税务机关，税务机关应当及时处理。

第二十八条 税务机关核查专项附加扣除情况时，纳税人任职受雇单位所在地、经常居住地、户籍所在地的公安派出所、居民委员会或者村民委员会等有关单位和个人应当协助核查。

第九章 附 则

第二十九条 本办法所称父母，是指生父母、继父母、养父母。本办法所称子女，是指婚生子女、非婚生子女、继子女、养子女。父母之外的其他人担任未成年人的监护人的，比照本办法规定执行。

第三十条 个人所得税专项附加扣除额一个纳税年度扣除不完的，不能结转以后年度扣除。

第三十一条 个人所得税专项附加扣除具体操作办法，由国务院税务主管部门另行制定。

第三十二条 本办法自 2019 年 1 月 1 日起施行。

个人所得税专项附加扣除操作办法（试行）

（2018年12月21日　国家税务总局公告2018年第60号）

第一章　总　　则

第一条　为了规范个人所得税专项附加扣除行为，切实维护纳税人合法权益，根据新修改的《中华人民共和国个人所得税法》及其实施条例、《中华人民共和国税收征收管理法》及其实施细则、《国务院关于印发个人所得税专项附加扣除暂行办法的通知》（国发〔2018〕41号）的规定，制定本办法。

第二条　纳税人享受子女教育、继续教育、大病医疗、住房贷款利息或者住房租金、赡养老人专项附加扣除的，依照本办法规定办理。

第二章　享受扣除及办理时间

第三条　纳税人享受符合规定的专项附加扣除的计算时间分别为：

（一）子女教育。学前教育阶段，为子女年满3周岁当月至小学入学前一月。学历教育，为子女接受全日制学历教育入学的当月至全日制学历教育结束的当月。

（二）继续教育。学历（学位）继续教育，为在中国境内接受学历（学位）继续教育入学的当月至学历（学位）继续教育结束的当月，同一学历（学位）继续教育的扣除期限最长不得超过48个月。技能人员职业资格继续教育、专业技术人员职业资格继续教育，为取得相关证书的当年。

（三）大病医疗。为医疗保障信息系统记录的医药费用实际支出的当年。

（四）住房贷款利息。为贷款合同约定开始还款的当月至贷款全部归还或贷款合同终止的当月，扣除期限最长不得超过240个月。

（五）住房租金。为租赁合同（协议）约定的房屋租赁期开始的当月至租赁期结束的当月。提前终止合同（协议）的，以实际租赁期限为准。

（六）赡养老人。为被赡养人年满60周岁的当月至赡养义务终止的年末。

前款第一项、第二项规定的学历教育和学历（学位）继续教育的期间，包含因病或其他非主观原因休学但学籍继续保留的休学期间，以及施教机构按规定组织实施的寒暑假等假期。

第四条　享受子女教育、继续教育、住房贷款利息或者住房租金、赡养老人专项附加扣除的纳税人，自符合条件开始，可以向支付工资、薪金所得的扣缴义务人提供上述专项附加扣除有关信息，由扣缴义务人在预扣预缴税款时，按其在本单位本年可享受的累计扣除额办理扣除；也可以在次年3月1日至6月30日内，向汇缴地主管税务机关办理汇算清缴申报时扣除。

纳税人同时从两处以上取得工资、薪金所得，并由扣缴义务人办理上述专项附加扣除的，对同一专项附加扣除项目，一个纳税年度内，纳税人只能选择从其中一处扣除。

享受大病医疗专项附加扣除的纳税人，由其在次年3月1日至6月30日内，自行向汇缴地主管税务机关办理汇算清缴申报时扣除。

第五条 扣缴义务人办理工资、薪金所得预扣预缴税款时，应当根据纳税人报送的《个人所得税专项附加扣除信息表》（以下简称《扣除信息表》，见附件）为纳税人办理专项附加扣除。

纳税人年度中间更换工作单位的，在原单位任职、受雇期间已享受的专项附加扣除金额，不得在新任职、受雇单位扣除。原扣缴义务人应当自纳税人离职不再发放工资薪金所得的当月起，停止为其办理专项附加扣除。

第六条 纳税人未取得工资、薪金所得，仅取得劳务报酬所得、稿酬所得、特许权使用费所得需要享受专项附加扣除的，应当在次年3月1日至6月30日内，自行向汇缴地主管税务机关报送《扣除信息表》，并在办理汇算清缴申报时扣除。

第七条 一个纳税年度内，纳税人在扣缴义务人预扣预缴税款环节未享受或未足额享受专项附加扣除的，可以在当年内向支付工资、薪金的扣缴义务人申请在剩余月份发放工资、薪金时补充扣除，也可以在次年3月1日至6月30日内，向汇缴地主管税务机关办理汇算清缴时申报扣除。

第三章　报送信息及留存备查资料

第八条 纳税人选择在扣缴义务人发放工资、薪金所得时享受专项附加扣除的，首次享受时应当填写并向扣缴义务人报送《扣除信息表》；纳税年度中间相关信息发生变化的，纳税人应当更新《扣除信息表》相应栏次，并及时报送给扣缴义务人。

更换工作单位的纳税人，需要由新任职、受雇扣缴义务人办理专项附加扣除的，应当在入职的当月，填写并向扣缴义务人报送《扣除信息表》。

第九条 纳税人次年需要由扣缴义务人继续办理专项附加扣除的，应当于每年12月份对次年享受专项附加扣除的内容进行确认，并报送至扣缴义务人。纳税人未及时确认的，扣缴义务人于次年1月起暂停扣除，待纳税人确认后再行办理专项附加扣除。

扣缴义务人应当将纳税人报送的专项附加扣除信息，在次月办理扣缴申报时一并报送至主管税务机关。

第十条 纳税人选择在汇算清缴申报时享受专项附加扣除的，应当填写并向汇缴地主管税务机关报送《扣除信息表》。

第十一条 纳税人将需要享受的专项附加扣除项目信息填报至《扣除信息表》相应栏次。填报要素完整的，扣缴义务人或者主管税务机关应当受理；填报要素不完整的，扣缴义务人或者主管税务机关应当及时告知纳税人补正或重新填报。纳税人未补正或重新填报的，暂不办理相关专项附加扣除，待纳税人补正或重新填报后再行办理。

第十二条 纳税人享受子女教育专项附加扣除，应当填报配偶及子女的姓名、身份证件类型及号码、子女当前受教育阶段及起止时间、子女就读学校以及本人与配偶之间扣除分配比例等信息。

纳税人需要留存备查资料包括：子女在境外接受教育的，应当留存境外学校录取通知书、留学签证等境外教育佐证资料。

第十三条 纳税人享受继续教育专项附加扣除，接受学历（学位）继续教育的，应当填报教育起止时间、教育阶段等信息；接受技能人员或者专业技术人员职业资格继续教育的，应当填报证书名称、证书编号、发证机关、发证（批准）时间等信息。

纳税人需要留存备查资料包括：纳税人接受技能人员职业资格继续教育、专业技术人员职业资格继续教育的，应当留存职业资格相关证书等资料。

第十四条 纳税人享受住房贷款利息专项附加扣除，应当填报住房权属信息、住房坐落地址、贷款方式、贷款银行、贷款合同编号、贷款期限、首次还款日期等信息；纳税人有配偶的，填写配偶姓名、身份证件类型及号码。

纳税人需要留存备查资料包括：住房贷款合同、贷款还款支出凭证等资料。

第十五条 纳税人享受住房租金专项附加扣除，应当填报主要工作城市、租赁住房坐落地址、出租人姓名及身份证件类型和号码或者出租方单位名称及纳税人识别号（社会统一信用代码）、租赁起止时间等信息；纳税人有配偶的，填写配偶姓名、身份证件类型及号码。

纳税人需要留存备查资料包括：住房租赁合同或协议等资料。

第十六条 纳税人享受赡养老人专项附加扣除，应当填报纳税人是否为独生子女、月扣除金额、被赡养人姓名及身份证件类型和号码、与纳税人关系；有共同赡养人的，需填报分摊方式、共同赡养人姓名及身份证件类型和号码等信息。

纳税人需要留存备查资料包括：约定或指定分摊的书面分摊协议等资料。

第十七条 纳税人享受大病医疗专项附加扣除，应当填报患者姓名、身份证件类型及号码、与纳税人关系、与基本医保相关的医药费用总金额、医保目录范围内个人负担的自付金额等信息。

纳税人需要留存备查资料包括：大病患者医药服务收费及医保报销相关票据原件或复印件，或者医疗保障部门出具的纳税年度医药费用清单等资料。

第十八条 纳税人应当对报送的专项附加扣除信息的真实性、准确性、完整性负责。

第四章 信息报送方式

第十九条 纳税人可以通过远程办税端、电子或者纸质报表等方式，向扣缴义务人或者主管税务机关报送个人专项附加扣除信息。

第二十条 纳税人选择纳税年度内由扣缴义务人办理专项附加扣除的，按下列规定办理：

（一）纳税人通过远程办税端选择扣缴义务人并报送专项附加扣除信息的，扣缴义务人根据接收的扣除信息办理扣除。

（二）纳税人通过填写电子或者纸质《扣除信息表》直接报送扣缴义务人的，扣缴义务人将相关信息导入或者录入扣缴端软件，并在次月办理扣缴申报时提交给主管税务机关。《扣除信息表》应当一式两份，纳税人和扣缴义务人签字（章）后分别留存备查。

第二十一条 纳税人选择年度终了后办理汇算清缴申报时享受

专项附加扣除的，既可以通过远程办税端报送专项附加扣除信息，也可以将电子或者纸质《扣除信息表》（一式两份）报送给汇缴地主管税务机关。

报送电子《扣除信息表》的，主管税务机关受理打印，交由纳税人签字后，一份由纳税人留存备查，一份由税务机关留存；报送纸质《扣除信息表》的，纳税人签字确认、主管税务机关受理签章后，一份退还纳税人留存备查，一份由税务机关留存。

第二十二条 扣缴义务人和税务机关应当告知纳税人办理专项附加扣除的方式和渠道，鼓励并引导纳税人采用远程办税端报送信息。

第五章 后续管理

第二十三条 纳税人应当将《扣除信息表》及相关留存备查资料，自法定汇算清缴期结束后保存五年。

纳税人报送给扣缴义务人的《扣除信息表》，扣缴义务人应当自预扣预缴年度的次年起留存五年。

第二十四条 纳税人向扣缴义务人提供专项附加扣除信息的，扣缴义务人应当按照规定予以扣除，不得拒绝。扣缴义务人应当为纳税人报送的专项附加扣除信息保密。

第二十五条 扣缴义务人应当及时按照纳税人提供的信息计算办理扣缴申报，不得擅自更改纳税人提供的相关信息。

扣缴义务人发现纳税人提供的信息与实际情况不符，可以要求纳税人修改。纳税人拒绝修改的，扣缴义务人应当向主管税务机关报告，税务机关应当及时处理。

除纳税人另有要求外，扣缴义务人应当于年度终了后两个月内，向纳税人提供已办理的专项附加扣除项目及金额等信息。

第二十六条 税务机关定期对纳税人提供的专项附加扣除信息开展抽查。

第二十七条 税务机关核查时，纳税人无法提供留存备查资料，或者留存备查资料不能支持相关情况的，税务机关可以要求纳税人提供其他佐证；不能提供其他佐证材料，或者佐证材料仍不足以支持的，不得享受相关专项附加扣除。

第二十八条 税务机关核查专项附加扣除情况时，可以提请有关单位和个人协助核查，相关单位和个人应当协助。

第二十九条 纳税人有下列情形之一的，主管税务机关应当责令其改正；情形严重的，应当纳入有关信用信息系统，并按照国家有关规定实施联合惩戒；涉及违反税收征管法等法律法规的，税务机关依法进行处理：

（一）报送虚假专项附加扣除信息；

（二）重复享受专项附加扣除；

（三）超范围或标准享受专项附加扣除；

（四）拒不提供留存备查资料；

（五）税务总局规定的其他情形。

纳税人在任职、受雇单位报送虚假扣除信息的，税务机关责令改正的同时，通知扣缴义务人。

第三十条 本办法自 2019 年 1 月 1 日起施行。

个人所得税扣缴申报管理办法（试行）

（2018 年 12 月 21 日　国家税务总局公告 2018 年第 61 号）

第一条　为规范个人所得税扣缴申报行为，维护纳税人和扣缴义务人合法权益，根据《中华人民共和国个人所得税法》及其实施条例、《中华人民共和国税收征收管理法》及其实施细则等法律法规的规定，制定本办法。

第二条　扣缴义务人，是指向个人支付所得的单位或者个人。扣缴义务人应当依法办理全员全额扣缴申报。

全员全额扣缴申报，是指扣缴义务人应当在代扣税款的次月十五日内，向主管税务机关报送其支付所得的所有个人的有关信息、支付所得数额、扣除事项和数额、扣缴税款的具体数额和总额以及其他相关涉税信息资料。

第三条　扣缴义务人每月或者每次预扣、代扣的税款，应当在次月十五日内缴入国库，并向税务机关报送《个人所得税扣缴申报表》。

第四条　实行个人所得税全员全额扣缴申报的应税所得包括：

（一）工资、薪金所得；

（二）劳务报酬所得；

（三）稿酬所得；

（四）特许权使用费所得；

（五）利息、股息、红利所得；

（六）财产租赁所得；

（七）财产转让所得；

（八）偶然所得。

第五条　扣缴义务人首次向纳税人支付所得时，应当按照纳税人提供的纳税人识别号等基础信息，填写《个人所得税基础信息表（A表）》，并于次月扣缴申报时向税务机关报送。

扣缴义务人对纳税人向其报告的相关基础信息变化情况，应当于次月扣缴申报时向税务机关报送。

第六条　扣缴义务人向居民个人支付工资、薪金所得时，应当按照累计预扣法计算预扣税款，并按月办理扣缴申报。

累计预扣法，是指扣缴义务人在一个纳税年度内预扣预缴税款时，以纳税人在本单位截至当前月份工资、薪金所得累计收入减除累计免税收入、累计减除费用、累计专项扣除、累计专项附加扣除和累计依法确定的其他扣除后的余额为累计预扣预缴应纳税所得额，适用个人所得税预扣率表一（见附件），计算累计应预扣预缴税额，再减除累计减免税额和累计已预扣预缴税额，其余额为本期应预扣预缴税额。余额为负值时，暂不退税。纳税年度终了后余额仍为负值时，由纳税人通过办理综合所得年度汇算清缴，税款多退少补。

具体计算公式如下：

本期应预扣预缴税额 =（累计预扣预缴应纳税所得额 × 预扣率

－速算扣除数）－累计减免税额－累计已预扣预缴税额

累计预扣预缴应纳税所得额＝累计收入－累计免税收入－累计减除费用－累计专项扣除－累计专项附加扣除－累计依法确定的其他扣除

其中：累计减除费用，按照5000元/月乘以纳税人当年截至本月在本单位的任职受雇月份数计算。

第七条 居民个人向扣缴义务人提供有关信息并依法要求办理专项附加扣除的，扣缴义务人应当按照规定在工资、薪金所得按月预扣预缴税款时予以扣除，不得拒绝。

第八条 扣缴义务人向居民个人支付劳务报酬所得、稿酬所得、特许权使用费所得时，应当按照以下方法按次或者按月预扣预缴税款：

劳务报酬所得、稿酬所得、特许权使用费所得以收入减除费用后的余额为收入额；其中，稿酬所得的收入额减按百分之七十计算。

减除费用：预扣预缴税款时，劳务报酬所得、稿酬所得、特许权使用费所得每次收入不超过四千元的，减除费用按八百元计算；每次收入四千元以上的，减除费用按收入的百分之二十计算。

应纳税所得额：劳务报酬所得、稿酬所得、特许权使用费所得，以每次收入额为预扣预缴应纳税所得额，计算应预扣预缴税额。劳务报酬所得适用个人所得税预扣率表二（见附件），稿酬所得、特许权使用费所得适用百分之二十的比例预扣率。

居民个人办理年度综合所得汇算清缴时，应当依法计算劳务报酬所得、稿酬所得、特许权使用费所得的收入额，并入年度综合所得计算应纳税款，税款多退少补。

第九条 扣缴义务人向非居民个人支付工资、薪金所得，劳务报酬所得，稿酬所得和特许权使用费所得时，应当按照以下方法按月或者按次代扣代缴税款：

非居民个人的工资、薪金所得，以每月收入额减除费用五千元后的余额为应纳税所得额；劳务报酬所得、稿酬所得、特许权使用费所得，以每次收入额为应纳税所得额，适用个人所得税税率表三（见附件）计算应纳税额。劳务报酬所得、稿酬所得、特许权使用费所得以收入减除百分之二十的费用后的余额为收入额；其中，稿酬所得的收入额减按百分之七十计算。

非居民个人在一个纳税年度内税款扣缴方法保持不变，达到居民个人条件时，应当告知扣缴义务人基础信息变化情况，年度终了后按照居民个人有关规定办理汇算清缴。

第十条 扣缴义务人支付利息、股息、红利所得，财产租赁所得，财产转让所得或者偶然所得时，应当依法按次或者按月代扣代缴税款。

第十一条 劳务报酬所得、稿酬所得、特许权使用费所得，属于一次性收入的，以取得该项收入为一次；属于同一项目连续性收入的，以一个月内取得的收入为一次。

财产租赁所得，以一个月内取得的收入为一次。

利息、股息、红利所得，以支付利息、股息、红利时取得的收入为一次。

偶然所得，以每次取得该项收入为一次。

第十二条　纳税人需要享受税收协定待遇的，应当在取得应税所得时主动向扣缴义务人提出，并提交相关信息、资料，扣缴义务人代扣代缴税款时按照享受税收协定待遇有关办法办理。

第十三条　支付工资、薪金所得的扣缴义务人应当于年度终了后两个月内，向纳税人提供其个人所得和已扣缴税款等信息。纳税人年度中间需要提供上述信息的，扣缴义务人应当提供。

纳税人取得除工资、薪金所得以外的其他所得，扣缴义务人应当在扣缴税款后，及时向纳税人提供其个人所得和已扣缴税款等信息。

第十四条　扣缴义务人应当按照纳税人提供的信息计算税款、办理扣缴申报，不得擅自更改纳税人提供的信息。

扣缴义务人发现纳税人提供的信息与实际情况不符的，可以要求纳税人修改。纳税人拒绝修改的，扣缴义务人应当报告税务机关，税务机关应当及时处理。

纳税人发现扣缴义务人提供或者扣缴申报的个人信息、支付所得、扣缴税款等信息与实际情况不符的，有权要求扣缴义务人修改。扣缴义务人拒绝修改的，纳税人应当报告税务机关，税务机关应当及时处理。

第十五条　扣缴义务人对纳税人提供的《个人所得税专项附加扣除信息表》，应当按照规定妥善保存备查。

第十六条　扣缴义务人应当依法对纳税人报送的专项附加扣除等相关涉税信息和资料保密。

第十七条 对扣缴义务人按照规定扣缴的税款，按年付给百分之二的手续费。不包括税务机关、司法机关等查补或者责令补扣的税款。

扣缴义务人领取的扣缴手续费可用于提升办税能力、奖励办税人员。

第十八条 扣缴义务人依法履行代扣代缴义务，纳税人不得拒绝。纳税人拒绝的，扣缴义务人应当及时报告税务机关。

第十九条 扣缴义务人有未按照规定向税务机关报送资料和信息、未按照纳税人提供信息虚报虚扣专项附加扣除、应扣未扣税款、不缴或少缴已扣税款、借用或冒用他人身份等行为的，依照《中华人民共和国税收征收管理法》等相关法律、行政法规处理。

第二十条 本办法相关表证单书式样，由国家税务总局另行制定发布。

第二十一条 本办法自2019年1月1日起施行。《国家税务总局关于印发〈个人所得税全员全额扣缴申报管理暂行办法〉的通知》（国税发〔2005〕205号）同时废止。

国家税务总局关于全面实施新个人所得税法若干征管衔接问题的公告

（2018 年 12 月 19 日　国家税务总局公告 2018 年第 56 号）

为贯彻落实新修改的《中华人民共和国个人所得税法》（以下简称“新个人所得税法”），现就全面实施新个人所得税法后扣缴义务人对居民个人工资、薪金所得，劳务报酬所得，稿酬所得，特许权使用费所得预扣预缴个人所得税的计算方法，对非居民个人上述四项所得扣缴个人所得税的计算方法，公告如下：

一、居民个人预扣预缴方法

扣缴义务人向居民个人支付工资、薪金所得，劳务报酬所得，稿酬所得，特许权使用费所得时，按以下方法预扣预缴个人所得税，并向主管税务机关报送《个人所得税扣缴申报表》（见附件 1）。年度预扣预缴税额与年度应纳税额不一致的，由居民个人于次年 3 月 1 日至 6 月 30 日向主管税务机关办理综合所得年度汇算清缴，税款多退少补。

（一）扣缴义务人向居民个人支付工资、薪金所得时，应当按照累计预扣法计算预扣税款，并按月办理全员全额扣缴申报。具体计算公式如下：

本期应预扣预缴税额 = （累计预扣预缴应纳税所得额 × 预扣率 – 速算扣除数） – 累计减免税额 – 累计已预扣预缴税额

累计预扣预缴应纳税所得额 = 累计收入 – 累计免税收入 – 累计减除费用 – 累计专项扣除 – 累计专项附加扣除 – 累计依法确定的其他扣除

其中：累计减除费用，按照5000元/月乘以纳税人当年截至本月在本单位的任职受雇月份数计算。

上述公式中，计算居民个人工资、薪金所得预扣预缴税额的预扣率、速算扣除数，按《个人所得税预扣率表一》（见附件2）执行。

（二）扣缴义务人向居民个人支付劳务报酬所得、稿酬所得、特许权使用费所得，按次或者按月预扣预缴个人所得税。具体预扣预缴方法如下：

劳务报酬所得、稿酬所得、特许权使用费所得以收入减除费用后的余额为收入额。其中，稿酬所得的收入额减按百分之七十计算。

减除费用：劳务报酬所得、稿酬所得、特许权使用费所得每次收入不超过四千元的，减除费用按八百元计算；每次收入四千元以上的，减除费用按百分之二十计算。

应纳税所得额：劳务报酬所得、稿酬所得、特许权使用费所得，以每次收入额为预扣预缴应纳税所得额。劳务报酬所得适用百分之二十至百分之四十的超额累进预扣率（见附件2《个人所得税预扣率表二》），稿酬所得、特许权使用费所得适用百分之二十的比例预扣率。

劳务报酬所得应预扣预缴税额 = 预扣预缴应纳税所得额 × 预扣率 − 速算扣除数

稿酬所得、特许权使用费所得应预扣预缴税额 = 预扣预缴应纳税所得额 ×20%

二、非居民个人扣缴方法

扣缴义务人向非居民个人支付工资、薪金所得，劳务报酬所得，稿酬所得和特许权使用费所得时，应当按以下方法按月或者按次代扣代缴个人所得税：

非居民个人的工资、薪金所得，以每月收入额减除费用五千元后的余额为应纳税所得额；劳务报酬所得、稿酬所得、特许权使用费所得，以每次收入额为应纳税所得额，适用按月换算后的非居民个人月度税率表（见附件 2《个人所得税税率表三》）计算应纳税额。其中，劳务报酬所得、稿酬所得、特许权使用费所得以收入减除百分之二十的费用后的余额为收入额。稿酬所得的收入额减按百分之七十计算。

非居民个人工资、薪金所得，劳务报酬所得，稿酬所得，特许权使用费所得应纳税额 = 应纳税所得额 × 税率 − 速算扣除数

本公告自 2019 年 1 月 1 日起施行。

特此公告。

附件：

1.《个人所得税扣缴申报表》及填表说明

2. 个人所得税税率表及预扣率表

附件1

个人所得税扣缴申报表

税款所属期：　年　月　日至　年　月　日

扣缴义务人名称：

扣缴义务人纳税人识别号（统一社会信用代码）：□□□□□□□□□□□□□□□□□□□□□□□　　金额单位：人民币元（列至角分）

							本月（次）情况														累计情况（工资、薪金）											税款计算							
							收入额计算				专项扣除				其他扣除									累计专项附加扣除															
序号	姓名	身份证件类型	身份证件号码	纳税人识别号	是否为非居民个人	所得项目	收入	费用	免税收入	减除费用	基本养老保险费	基本医疗保险费	失业保险费	住房公积金	年金	商业健康保险	税延养老保险	财产原值	允许扣除的税费	其他	累计收入额	累计减除费用	累计专项扣除	子女教育	赡养老人	住房贷款利息	住房租金	继续教育	累计其他扣除	减按计税比例	准予扣除的捐赠额	应纳税所得额	税率／预扣率	速算扣除数	应纳税额	减免税额	已扣缴税额	应补（退）税额	备注
1	2	3	4	5	6	7	8	9	10	11	12	13	14	15	16	17	18	19	20	21	22	23	24	25	26	27	28	29	30	31	32	33	34	35	36	37	38	39	40
合计																																							

续表

<table>
<tr><td colspan="2">谨声明：本扣缴申报表是根据国家税收法律法规及相关规定填报的，是真实的、可靠的、完整的。
扣缴义务人（签章）：　　　　年　月　日</td></tr>
<tr><td>代理机构签章：
代理机构统一社会信用代码：
经办人签字：
经办人身份证件号码：</td><td>受理人：
受理税务机关（章）：
受理日期：　年　月　日</td></tr>
</table>

国家税务总局监制

《个人所得税扣缴申报表》填表说明

一、适用范围

本表适用于扣缴义务人向居民个人支付工资、薪金所得，劳务报酬所得，稿酬所得和特许权使用费所得的个人所得税全员全额预扣预缴申报；向非居民个人支付工资、薪金所得，劳务报酬所得，稿酬所得和特许权使用费所得的个人所得税全员全额扣缴申报；以及向纳税人（居民个人和非居民个人）支付利息、股息、红利所得，财产租赁所得，财产转让所得和偶然所得的个人所得税全员全额扣缴申报。

二、申报期限

扣缴义务人应当在每月或者每次预扣、代扣税款的次月十五日内，将已扣税款缴入国库，并向税务机关报送本表。

三、各栏次填写说明

（一）表头项目

1.“税款所属期”：填写扣缴义务人代扣税款当月的第一日至最后一日。如：2019 年 3 月 20 日发放工资时代扣的税款，税款所属期填写“2019 年 3 月 1 日至 2019 年 3 月 31 日”。

2.“扣缴义务人名称”：填写扣缴义务人的法定名称全称。

3.“扣缴义务人纳税人识别号（统一社会信用代码）”：填写扣缴义务人的纳税人识别号或统一社会信用代码。

（二）表内各栏

1. 第 2 列“姓名”：填写纳税人姓名。

2. 第 3 列“身份证件类型”：填写纳税人有效的身份证件名称。中国公民有中华人民共和国居民身份证的，填写居民身份证；没有居民身份证的，填写港澳居民来往内地通行证或港澳居民居住证、台湾居民通行证或台湾居民居住证、外国人永久居留身份证、外国人工作许可证或护照等。

3. 第 4 列“身份证件号码”：填写纳税人有效身份证件上载明的证件号码。

4. 第 5 列“纳税人识别号”：有中国公民身份号码的，填写中华人民共和国居民身份证上载明的“公民身份号码”；没有中国公民身份号码的，填写税务机关赋予的纳税人识别号。

5. 第 6 列“是否为非居民个人”：纳税人为非居民个人的填“是”，为居民个人的填“否”。不填默认为“否”。

6. 第 7 列“所得项目”：填写纳税人取得的个人所得税法第二条规定的应税所得项目名称。同一纳税人取得多项或多次所得的，应分行填写。

7. 第 8 ~ 21 列“本月（次）情况”：填写扣缴义务人当月（次）支付给纳税人的所得，以及按规定各所得项目当月（次）可扣除的减除费用、专项扣除、其他扣除等。其中，工资、薪金所得预扣预缴个人所得税时扣除的专项附加扣除，按照纳税年度内纳税人在该任职受雇单位截至当月可享受的各专项附加扣除项目的扣除总额，填写至“累计情况（工资薪金）”中第 25 ~ 29 列相应栏，本月情况中则无须填写。

（1）“收入额计算”：包含“收入”“费用”“免税收入”。

具体计算公式为：收入额 = 收入 - 费用 - 免税收入。

①第 8 列“收入”：填写当月（次）扣缴义务人支付给纳税人所得的总额。

②第 9 列“费用”：仅限支付劳务报酬、稿酬、特许权使用费三项所得时填写，支付其他各项所得时无须填写本列。预扣预缴

居民个人上述三项所得个人所得税时，每次收入不超过4000元的，费用填写“800”元；每次收入4000元以上的，费用按收入的20%填写。扣缴非居民个人上述三项所得的个人所得税时，费用按收入的20%填写。

③第10列“免税收入”：填写纳税人各所得项目收入总额中，包含的税法规定的免税收入金额。其中，税法规定“稿酬所得的收入额减按70%计算”，对稿酬所得的收入额减计的30%部分，填入本列。

（2）第11列“减除费用”：仅限支付工资、薪金所得时填写。具体按税法规定的减除费用标准填写。如，2019年为5000元/月。

（3）第12～15列“专项扣除”：分别填写按规定允许扣除的基本养老保险费、基本医疗保险费、失业保险费、住房公积金的金额。

（4）第16～21列“其他扣除”：分别填写按规定允许扣除的项目金额。

8. 第22～30列“累计情况（工资、薪金）”：本栏仅适用于居民个人取得工资、薪金所得预扣预缴的情形，工资、薪金所得以外的项目无须填写。具体各列，按照纳税年度内居民个人在该任职受雇单位截至当前月份累计情况填报。

（1）第22列“累计收入额”：填写本纳税年度截至当前月份，扣缴义务人支付给纳税人的工资、薪金所得的累计收入额。

（2）第23列“累计减除费用”：按照5000元/月乘以纳税人当年在本单位的任职受雇月份数计算。

（3）第24列“累计专项扣除”：填写本年度截至当前月份，按规定允许扣除的“三险一金”的累计金额。

（4）第25～29列“累计专项附加扣除”：分别填写截至当前月份，纳税人按规定可享受的子女教育、赡养老人、住房贷款利息或住房租金、继续教育扣除的累计金额。大病医疗扣除由纳税人在年度汇算清缴时办理，此处无须填报。

（5）第30列“累计其他扣除”：填写本年度截至当前月份，按规定允许扣除的年金（包括企业年金、职业年金）、商业健康保险、税延养老保险及其他扣除项目的累计金额。

9. 第31列“减按计税比例”：填写按规定实行应纳税所得额减计税收优惠的减计比例。无减计规定的，可不填，系统默认为100%。如，某项税收政策实行减按60%计入应纳税所得额，则本列填60%。

10. 第32列“准予扣除的捐赠额”：是指按照税法及相关法规、政策规定，可以在税前扣除的捐赠额。

11. 第33～39列“税款计算”：填写扣缴义务人当月扣缴个人所得税款的计算情况。

（1）第33列“应纳税所得额”：根据相关列次计算填报。

①居民个人取得工资、薪金所得，填写累计收入额减除累计减除费用、累计专项扣除、累计专项附加扣除、累计其他扣除、准予扣除的捐赠额后的余额。

②非居民个人取得工资、薪金所得，填写收入额减去减除费用、准予扣除的捐赠额后的余额。

③居民个人或非居民个人取得劳务报酬所得、稿酬所得、特许权使用费所得，填写本月（次）收入额减除可以扣除的税费、准予扣除的捐赠额后的余额。

④居民个人或非居民个人取得利息、股息、红利所得和偶然所得，填写本月（次）收入额减除准予扣除的捐赠额后的余额。

⑤居民个人或非居民个人取得财产租赁所得，填写本月（次）收入额减除允许扣除的税费、准予扣除的捐赠额后的余额。

⑥居民个人或非居民个人取得财产转让所得，填写本月（次）收入额减除财产原值、允许扣除的税费、准予扣除的捐赠额后的余额。

其中，适用“减按计税比例”的所得项目，其应纳税所得额按上述方法计算后乘以减按计税比例的金额填报。

（2）第34～35列“税率/预扣率”和“速算扣除数”：填写各所得项目按规定适用的税率（或预扣率）和速算扣除数。没有速算扣除数的，则不填。

（3）第36列“应纳税额”：根据相关列次计算填报。

具体计算公式为：应纳税额＝应纳税所得额×税率（预扣率）－速算扣除数。

（4）第37列“减免税额”：填写符合税法规定可减免的税额。居民个人工资、薪金所得，填写本年度累计减免税额；居民个人取得工资、薪金以外的所得或非居民个人取得各项所得，填写本月（次）减免税额。

（5）第38列“已扣缴税额”：填写本年或本月（次）纳税人同一所得项目，已由扣缴义务人实际扣缴的税款金额。

（6）第39列“应补（退）税额”：根据相关列次计算填报。

具体计算公式为：应补（退）税额＝应纳税额－减免税额－已扣缴税额。

（三）其他栏次

1.“声明”：需由扣缴义务人签字或签章。

2.“经办人”：由办理扣缴申报的经办人签字，并填写经办人身份证件号码。

3.“代理机构”：代理机构代为办理扣缴申报的，应当填写代理机构统一社会信用代码，并加盖代理机构签章。

四、其他事项说明

本表一式两份，扣缴义务人、税务机关各留存一份。

附件 2

个人所得税预扣率表一

（居民个人工资、薪金所得预扣预缴适用）

级数	累计预扣预缴应纳税所得额	预扣率（%）	速算扣除数
1	不超过 36000 元的部分	3	0
2	超过 36000 元至 144000 元的部分	10	2520
3	超过 144000 元至 300000 元的部分	20	16920
4	超过 300000 元至 420000 元的部分	25	31920
5	超过 420000 元至 660000 元的部分	30	52920
6	超过 660000 元至 960000 元的部分	35	85920
7	超过 960000 元的部分	45	181920

个人所得税预扣率表二

（居民个人劳务报酬所得预扣预缴适用）

级数	预扣预缴应纳税所得额	预扣率（%）	速算扣除数
1	不超过 20000 元的	20	0
2	超过 20000 元至 50000 元的部分	30	2000
3	超过 50000 元的部分	40	7000

个人所得税税率表三

（非居民个人工资、薪金所得，劳务报酬所得，稿酬所得，特许权使用费所得适用）

级数	应纳税所得额	税率（%）	速算扣除数
1	不超过 3000 元的	3	0
2	超过 3000 元至 12000 元的部分	10	210
3	超过 12000 元至 25000 元的部分	20	1410
4	超过 25000 元至 35000 元的部分	25	2660
5	超过 35000 元至 55000 元的部分	30	4410
6	超过 55000 元至 80000 元的部分	35	7160
7	超过 80000 元的部分	45	15160

财政部、国家税务总局关于个人所得税法修改后有关优惠政策衔接问题的通知

（2018 年 12 月 27 日　财税〔2018〕164 号）

各省、自治区、直辖市、计划单列市财政厅（局），国家税务总局各省、自治区、直辖市、计划单列市税务局，新疆生产建设兵团财政局：

为贯彻落实修改后的《中华人民共和国个人所得税法》，现将个人所得税优惠政策衔接有关事项通知如下：

一、关于全年一次性奖金、中央企业负责人年度绩效薪金延期兑现收入和任期奖励的政策

（一）居民个人取得全年一次性奖金，符合《国家税务总局关于调整个人取得全年一次性奖金等计算征收个人所得税方法问题的通知》（国税发〔2005〕9 号）规定的，在 2021 年 12 月 31 日前，不并入当年综合所得，以全年一次性奖金收入除以 12 个月得到的数额，按照本通知所附按月换算后的综合所得税率表（以下简称月度税率表），确定适用税率和速算扣除数，单独计算纳税。计算公式为：

应纳税额 = 全年一次性奖金收入 × 适用税率 − 速算扣除数

居民个人取得全年一次性奖金，也可以选择并入当年综合所得计算纳税。

自2022年1月1日起，居民个人取得全年一次性奖金，应并入当年综合所得计算缴纳个人所得税。

（二）中央企业负责人取得年度绩效薪金延期兑现收入和任期奖励，符合《国家税务总局关于中央企业负责人年度绩效薪金延期兑现收入和任期奖励征收个人所得税问题的通知》（国税发〔2007〕118号）规定的，在2021年12月31日前，参照本通知第一条第（一）项执行；2022年1月1日之后的政策另行明确。

二、关于上市公司股权激励的政策

（一）居民个人取得股票期权、股票增值权、限制性股票、股权奖励等股权激励（以下简称股权激励），符合《财政部 国家税务总局关于个人股票期权所得征收个人所得税问题的通知》（财税〔2005〕35号）、《财政部国家税务总局关于股票增值权所得和限制性股票所得征收个人所得税有关问题的通知》（财税〔2009〕5号）、《财政部 国家税务总局关于将国家自主创新示范区有关税收试点政策推广到全国范围实施的通知》（财税〔2015〕116号）第四条、《财政部国家税务总局关于完善股权激励和技术入股有关所得税政策的通知》（财税〔2016〕101号）第四条第（一）项规定的相关条件的，在2021年12月31日前，不并入当年综合所得，全额单独适用综合所得税率表，计算纳税。计算公式为：

应纳税额＝股权激励收入×适用税率－速算扣除数

（二）居民个人一个纳税年度内取得两次以上（含两次）股权

激励的，应合并按本通知第二条第（一）项规定计算纳税。

（三）2022年1月1日之后的股权激励政策另行明确。

三、关于保险营销员、证券经纪人佣金收入的政策

保险营销员、证券经纪人取得的佣金收入，属于劳务报酬所得，以不含增值税的收入减除20%的费用后的余额为收入额，收入额减去展业成本以及附加税费后，并入当年综合所得，计算缴纳个人所得税。保险营销员、证券经纪人展业成本按照收入额的25%计算。

扣缴义务人向保险营销员、证券经纪人支付佣金收入时，应按照《个人所得税扣缴申报管理办法（试行）》（国家税务总局公告2018年第61号）规定的累计预扣法计算预扣税款。

四、关于个人领取企业年金、职业年金的政策

个人达到国家规定的退休年龄，领取的企业年金、职业年金，符合《财政部 人力资源社会保障部 国家税务总局关于企业年金 职业年金个人所得税有关问题的通知》（财税〔2013〕103号）规定的，不并入综合所得，全额单独计算应纳税款。其中按月领取的，适用月度税率表计算纳税；按季领取的，平均分摊计入各月，按每月领取额适用月度税率表计算纳税；按年领取的，适用综合所得税率表计算纳税。

个人因出境定居而一次性领取的年金个人账户资金，或个人死亡后，其指定的受益人或法定继承人一次性领取的年金个人账户余额，适用综合所得税率表计算纳税。对个人除上述特殊原因外一次性领取年金个人账户资金或余额的，适用月度税率表计算纳税。

五、关于解除劳动关系、提前退休、内部退养的一次性补偿收入的政策

（一）个人与用人单位解除劳动关系取得一次性补偿收入（包括用人单位发放的经济补偿金、生活补助费和其他补助费），在当地上年职工平均工资3倍数额以内的部分，免征个人所得税；超过3倍数额的部分，不并入当年综合所得，单独适用综合所得税率表，计算纳税。

（二）个人办理提前退休手续而取得的一次性补贴收入，应按照办理提前退休手续至法定离退休年龄之间实际年度数平均分摊，确定适用税率和速算扣除数，单独适用综合所得税率表，计算纳税。计算公式：

应纳税额＝｛〔（一次性补贴收入÷办理提前退休手续至法定退休年龄的实际年度数）－费用扣除标准〕×适用税率－速算扣除数｝×办理提前退休手续至法定退休年龄的实际年度数

（三）个人办理内部退养手续而取得的一次性补贴收入，按照《国家税务总局关于个人所得税有关政策问题的通知》（国税发〔1999〕58号）规定计算纳税。

六、关于单位低价向职工售房的政策

单位按低于购置或建造成本价格出售住房给职工，职工因此而少支出的差价部分，符合《财政部 国家税务总局关于单位低价向职工售房有关个人所得税问题的通知》（财税〔2007〕13号）第二条规定的，不并入当年综合所得，以差价收入除以12个月得到的数额，按照月度税率表确定适用税率和速算扣除数，单独计算纳

税。计算公式为：

应纳税额 = 职工实际支付的购房价款低于该房屋的购置或建造成本价格的差额 × 适用税率 − 速算扣除数

七、关于外籍个人有关津补贴的政策

（一）2019 年 1 月 1 日至 2021 年 12 月 31 日期间，外籍个人符合居民个人条件的，可以选择享受个人所得税专项附加扣除，也可以选择按照《财政部 国家税务总局关于个人所得税若干政策问题的通知》（财税〔1994〕20 号）、《国家税务总局关于外籍个人取得有关补贴征免个人所得税执行问题的通知》（国税发〔1997〕54 号）和《财政部 国家税务总局关于外籍个人取得港澳地区住房等补贴征免个人所得税的通知》（财税〔2004〕29 号）规定，享受住房补贴、语言训练费、子女教育费等津补贴免税优惠政策，但不得同时享受。外籍个人一经选择，在一个纳税年度内不得变更。

（二）自 2022 年 1 月 1 日起，外籍个人不再享受住房补贴、语言训练费、子女教育费津补贴免税优惠政策，应按规定享受专项附加扣除。

八、除上述衔接事项外，其他个人所得税优惠政策继续按照原文件规定执行。

九、本通知自 2019 年 1 月 1 日起执行。下列文件或文件条款同时废止：

（一）《财政部 国家税务总局关于个人与用人单位解除劳动关系取得的一次性补偿收入征免个人所得税问题的通知》（财税〔2001〕157 号）第一条；

（二）《财政部 国家税务总局关于个人股票期权所得征收个人所得税问题的通知》（财税〔2005〕35号）第四条第（一）项；

（三）《财政部 国家税务总局关于单位低价向职工售房有关个人所得税问题的通知》（财税〔2007〕13号）第三条；

（四）《财政部 人力资源社会保障部 国家税务总局关于企业年金职业年金个人所得税有关问题的通知》（财税〔2013〕103号）第三条第1项和第3项；

（五）《国家税务总局关于个人认购股票等有价证券而从雇主取得折扣或补贴收入有关征收个人所得税问题的通知》（国税发〔1998〕9号）；

（六）《国家税务总局关于保险企业营销员（非雇员）取得的收入计征个人所得税问题的通知》（国税发〔1998〕13号）；

（七）《国家税务总局关于个人因解除劳动合同取得经济补偿金征收个人所得税问题的通知》（国税发〔1999〕178号）；

（八）《国家税务总局关于国有企业职工因解除劳动合同取得一次性补偿收入征免个人所得税问题的通知》（国税发〔2000〕77号）；

（九）《国家税务总局关于调整个人取得全年一次性奖金等计算征收个人所得税方法问题的通知》（国税发〔2005〕9号）第二条；

（十）《国家税务总局关于保险营销员取得佣金收入征免个人所得税问题的通知》（国税函〔2006〕454号）；

（十一）《国家税务总局关于个人股票期权所得缴纳个人所得税有关问题的补充通知》（国税函〔2006〕902号）第七条、第八条；

（十二）《国家税务总局关于中央企业负责人年度绩效薪金延期兑现收入和任期奖励征收个人所得税问题的通知》（国税发〔2007〕118号）第一条；

（十三）《国家税务总局关于个人提前退休取得补贴收入个人所得税问题的公告》（国家税务总局公告2011年第6号）第二条；

（十四）《国家税务总局关于证券经纪人佣金收入征收个人所得税问题的公告》（国家税务总局公告2012年第45号）。

附件：按月换算后的综合所得税率表

级数	全月应纳税所得额	税率（%）	速算扣除数
1	不超过3000元的	3	0
2	超过3000元至12000元的部分	10	210
3	超过12000元至25000元的部分	20	1410
4	超过25000元至35000元的部分	25	2660
5	超过35000元至55000元的部分	30	4410
6	超过55000元至80000元的部分	35	7160
7	超过80000元的部分	45	15160

关于个人所得税自行纳税申报有关问题的公告

（2018 年 12 月 21 日　国家税务总局公告 2018 年第 62 号）

根据新修改的《中华人民共和国个人所得税法》及其实施条例，现就个人所得税自行纳税申报有关问题公告如下：

一、取得综合所得需要办理汇算清缴的纳税申报

取得综合所得且符合下列情形之一的纳税人，应当依法办理汇算清缴：

（一）从两处以上取得综合所得，且综合所得年收入额减除专项扣除后的余额超过 6 万元；

（二）取得劳务报酬所得、稿酬所得、特许权使用费所得中一项或者多项所得，且综合所得年收入额减除专项扣除的余额超过 6 万元；

（三）纳税年度内预缴税额低于应纳税额；

（四）纳税人申请退税。

需要办理汇算清缴的纳税人，应当在取得所得的次年 3 月 1 日至 6 月 30 日内，向任职、受雇单位所在地主管税务机关办理纳税申报，并报送《个人所得税年度自行纳税申报表》。纳税人有两处以上任职、受雇单位的，选择向其中一处任职、受雇单位所在地主管税务机关办理纳税申报；纳税人没有任职、受雇单位的，向户籍所在地或经常居住地主管税务机关办理纳税申报。

纳税人办理综合所得汇算清缴，应当准备与收入、专项扣除、专项附加扣除、依法确定的其他扣除、捐赠、享受税收优惠等相关的资料，并按规定留存备查或报送。

纳税人取得综合所得办理汇算清缴的具体办法，另行公告。

二、取得经营所得的纳税申报

个体工商户业主、个人独资企业投资者、合伙企业个人合伙人、承包承租经营者个人以及其他从事生产、经营活动的个人取得经营所得，包括以下情形：

（一）个体工商户从事生产、经营活动取得的所得，个人独资企业投资人、合伙企业的个人合伙人来源于境内注册的个人独资企业、合伙企业生产、经营的所得；

（二）个人依法从事办学、医疗、咨询以及其他有偿服务活动取得的所得；

（三）个人对企业、事业单位承包经营、承租经营以及转包、转租取得的所得；

（四）个人从事其他生产、经营活动取得的所得。

纳税人取得经营所得，按年计算个人所得税，由纳税人在月度或季度终了后 15 日内，向经营管理所在地主管税务机关办理预缴纳税申报，并报送《个人所得税经营所得纳税申报表（A 表）》。在取得所得的次年 3 月 31 日前，向经营管理所在地主管税务机关办理汇算清缴，并报送《个人所得税经营所得纳税申报表（B表）》；从两处以上取得经营所得的，选择向其中一处经营管理所在地主管税务机关办理年度汇总申报，并报送《个人所得税经营所得纳税申报表（C表）》。

三、取得应税所得，扣缴义务人未扣缴税款的纳税申报

纳税人取得应税所得，扣缴义务人未扣缴税款的，应当区别以下情形办理纳税申报：

（一）居民个人取得综合所得的，按照本公告第一条办理。

（二）非居民个人取得工资、薪金所得，劳务报酬所得，稿酬所得，特许权使用费所得的，应当在取得所得的次年6月30日前，向扣缴义务人所在地主管税务机关办理纳税申报，并报送《个人所得税自行纳税申报表（A表）》。有两个以上扣缴义务人均未扣缴税款的，选择向其中一处扣缴义务人所在地主管税务机关办理纳税申报。

非居民个人在次年6月30日前离境（临时离境除外）的，应当在离境前办理纳税申报。

（三）纳税人取得利息、股息、红利所得，财产租赁所得，财产转让所得和偶然所得的，应当在取得所得的次年6月30日前，按相关规定向主管税务机关办理纳税申报，并报送《个人所得税自行纳税申报表（A表）》。

税务机关通知限期缴纳的，纳税人应当按照期限缴纳税款。

四、取得境外所得的纳税申报

居民个人从中国境外取得所得的，应当在取得所得的次年3月

1 日至 6 月 30 日内，向中国境内任职、受雇单位所在地主管税务机关办理纳税申报；在中国境内没有任职、受雇单位的，向户籍所在地或中国境内经常居住地主管税务机关办理纳税申报；户籍所在地与中国境内经常居住地不一致的，选择其中一地主管税务机关办理纳税申报；在中国境内没有户籍的，向中国境内经常居住地主管税务机关办理纳税申报。

纳税人取得境外所得办理纳税申报的具体规定，另行公告。

五、因移居境外注销中国户籍的纳税申报

纳税人因移居境外注销中国户籍的，应当在申请注销中国户籍前，向户籍所在地主管税务机关办理纳税申报，进行税款清算。

（一）纳税人在注销户籍年度取得综合所得的，应当在注销户籍前，办理当年综合所得的汇算清缴，并报送《个人所得税年度自行纳税申报表》。尚未办理上一年度综合所得汇算清缴的，应当在办理注销户籍纳税申报时一并办理。

（二）纳税人在注销户籍年度取得经营所得的，应当在注销户籍前，办理当年经营所得的汇算清缴，并报送《个人所得税经营所得纳税申报表（B 表）》。从两处以上取得经营所得的，还应当一并报送《个人所得税经营所得纳税申报表（C 表）》。尚未办理上一年度经营所得汇算清缴的，应当在办理注销户籍纳税申报时一并办理。

（三）纳税人在注销户籍当年取得利息、股息、红利所得，财产租赁所得，财产转让所得和偶然所得的，应当在注销户籍前，申报当年上述所得的完税情况，并报送《个人所得税自行纳税申报表

(A 表)》。

(四) 纳税人有未缴或者少缴税款的，应当在注销户籍前，结清欠缴或未缴的税款。纳税人存在分期缴税且未缴纳完毕的，应当在注销户籍前，结清尚未缴纳的税款。

(五) 纳税人办理注销户籍纳税申报时，需要办理专项附加扣除、依法确定的其他扣除的，应当向税务机关报送《个人所得税专项附加扣除信息表》《商业健康保险税前扣除情况明细表》《个人税收递延型商业养老保险税前扣除情况明细表》等。

六、非居民个人在中国境内从两处以上取得工资、薪金所得的纳税申报

非居民个人在中国境内从两处以上取得工资、薪金所得的，应当在取得所得的次月 15 日内，向其中一处任职、受雇单位所在地主管税务机关办理纳税申报，并报送《个人所得税自行纳税申报表(A 表)》。

七、纳税申报方式

纳税人可以采用远程办税端、邮寄等方式申报，也可以直接到主管税务机关申报。

八、其他有关问题

(一) 纳税人办理自行纳税申报时，应当一并报送税务机关要求报送的其他有关资料。首次申报或者个人基础信息发生变化的，还应报送《个人所得税基础信息表(B 表)》。

本公告涉及的有关表证单书，由国家税务总局统一制定式样，另行公告。

（二）纳税人在办理纳税申报时需要享受税收协定待遇的，按照享受税收协定待遇有关办法办理。

九、施行时间

本公告自 2019 年 1 月 1 日起施行。

特此公告。

图书在版编目（CIP）数据

最新个人所得税法及其实施条例100问／中国法制出版社编．—北京：中国法制出版社，2019.3

（公民新法早知道系列）

ISBN 978－7－5093－9956－9

Ⅰ．①最… Ⅱ．①中… Ⅲ．①个人所得税－税法－中国－问题解答 Ⅳ．①D922.222－44

中国版本图书馆CIP数据核字（2019）第006236号

责任编辑：程 思 李宏伟　　　　封面设计：李 宁

最新个人所得税法及其实施条例100问

ZUIXIN GEREN SUODE SHUIFA JIQI SHISHI TIAOLI 100 WEN

经销／新华书店

印刷／煤炭工业出版社印刷厂

开本／880毫米×1230毫米 32开　　　　印张／6.75 字数/100千

版次／2019年3月第1版　　　　2019年3月第1次印刷

中国法制出版社出版

书号 ISBN 978－7－5093－9956－9　　　　定价：29.80元

北京西单横二条2号 邮政编码100031　　　　传真：010－66031119

网址：http：//www.zgfzs.com　　　　**编辑部电话：010－66066620**

市场营销部电话：010－66033393　　　　**邮购部电话：010－66033288**

（如有印装质量问题，请与本社印务部联系调换。电话：010－66032926）